Chi Chi-Select

先哲講座

安岡正篤

Masahiro Yasuoka

致知出版社

刊行によせて

安岡正篤先生には、近畿日本鉄道株式会社（当時の社長・佐伯　勇・現名誉会長）の懇請に応じ、昭和四十一年以来十四年にわたり幹部社員に対し講義を頂きました。

本書は、昭和四十四年六月から昭和五十年十二月までの分を収めております。当時は、複雑な国際情勢に直面するとともに、国内では高度成長期にあたり驚異的な経済発展の半面、公害汚染、大学騒動などの問題が噴出し、まさに激動の時期でありました。

語られている時代そのものは変化しましたが、時々の局面を踏まえ、先生が東西古今の先哲の名言を縦横に駆使して説かれた根本原理は、今日もそのまま大きな指針となる深い英知に満ちております。

ある時先生は、「近頃聴いている人達の姿勢が非常に良くなった」と言われたことがありますが、諄々と説かれる聖賢の遺教の知らず知らずの感化かと、ふと思った次第であります。本書を座右におき、熟読玩味されるならば修己の活学がおのずと心に刻まれ、後日必ずや新しい自己が形成されつつあることに思い当たれるものと信じます。

ここに先生の講座が上梓され、多くの人々の眼に触れることになったのは、私共にとっても大きな喜びであります。

先生の温容を偲びつつ発刊によせる言葉と致します。

昭和六十三年一月

近畿日本鉄道株式会社
社長　金森茂一郎

はじめに――現代を知ろうと思えば先哲に学ぶべし

最近いろいろな会合に出席しますと、「世の中は一体どうなっているのか、どうすればよいのか」という言葉をよく耳にいたします。

それについて、しみじみと思い出すのは論語の一章、「子曰く、吾れ嘗て終日食《くら》わず、終日寝《い》ねず。以て思う、益無し。学ぶに如《し》かざるなり」という教えであります。こういう時局になりますと、この「学ぶに如かざるなり」という言葉が痛切に感じられてなりません。現在われわれが驚いている種々の騒動なども、過去の書物にちゃんと書いてあります。理由も原因もなく突然このような現象になることはありません。歴史の書物をみればみな出ております。

大体人類がこの地上にあらわれて少なくとも二十万年と言われます。赤ちゃんの年齢を二十万歳と申すのはその故でありますが、特に人間らしい生活をするようになってから五千年であります。この五千年の間におきた出来事を調べてみますと、本質的にはすでに経験した過去の現象の繰り返しにすぎません。現在の種々の問題についても「どうなるのか」などと余計な雑念や妄想に時間をかけるよりも、真剣に歴史を学べばその答案、あるいは解決策というものは全部書いてあるということを感ずるのであります。

寄ると触ると「どうするんだ、どうなるんだ」と言いますが、いくら集まって情報を集めて点検してもどうにもなりません。昨今は情報時代と言われて、各方面の情報を収集しますが、これがまた、短所欠点でもあります。例えば医療機関が発達したため人体の分析的研究が盛んになって、患者を診断するのに時間がかかるようになりました。患者が病院へ行きますと、まず血液検査だ、尿の検査だ、レントゲン検査だ、という具合にそれぞれ専門にまわされてデータをとられる。そのデータを集めて主治医が診察診断を行うものですから、ひどいのは一週間も十日もかかります。したがって診断を下された時はもう患者の生理状態、病理状態というものはずいぶん変わっております。診断はできたけれども患者は死んでいたという事実が多くなっております。本当の医者は直感と申しますか英知が働いて、この患者はここが悪い、ここがすでに危険状態にあるからすぐ手当をしなければならない、という具合に適切に処置をするものでありますが、これがまったく逆となるものが多い。

今日の時局についても同様でありまして、いくら情報を集めても、問題そのものはどんどん進行していきますから、解決策はできたがすでにその方法では間に合わないということがあります。要は直感的・英断的に行動し、処理することであります。個人の病理も、社会国家の生理も同じであって、局面に当たる人の内容・実力が問題であります。やはり学ばなければならぬということであります。

現在一番問題になっている大学騒動についても、過去の歴史に徴しますと、まったく同様の記録がたくさんあります。

明治・大正時代の少し教養ある人なら必ず読んだ書物、『唐宋八家文』というものがあります。この書物は戦前の中学校の教科書にもずいぶんと引用されておりました。八家の中で唐ではまず一番に指を屈するのが韓退之でありますが、この韓退之と並び称せられる人に柳宗元という人があります。この柳宗元の書いた大学書生に与える書という手紙を読みますと、今日の大学生とそっくりなんです。

（漢文）を訳しますと——

「自分は若い頃に大学に遊んで、先生の教えを聞き身を立てようと思ったが、この頃の大学生は集まって朋党（グループ）を組み、先輩をあなどり、賢者を馬鹿にして、学業を捨て、役人を罵倒する。これらの輩には自ら学ぶという意志のある者は一人もおらない。大学というところはきわめてつまらぬところである」と書いております。今日の大学生とそっくりそのままであります。

三国志で有名な諸葛孔明の青年時代も、当時の記録に「大学の書生三万人、皆斗筲小人なり。君子之を恥ず」とあります。当時の三万人は現在の中共の人口七億で考えてはなりません。五千万人くらいの頃であります。諸葛孔明の頃に大学生が三万人もおって、しかも斗筲の小人、一山百文の連中であったから、心ある者はその仲間になることを恥じたという記録であります。

中国ばかりではありません。加茂川の水と、双六《すごろく》の賽《さい》と、山法師は意のままにならぬ、と慨嘆された白河法皇のことは日本歴史を学んだ者なら誰知らぬもののない話でありますが、この山法師はつまり現在暴力を振るっている大学生と考えてよろしい。あの頃の教学の本山といえば比叡山か奈良でありまして、南都北嶺と申しますと今日で言えば大学であります。その南都北嶺が本来の学問信仰を忘れて利権争いばかりやる。それが原因となって、山法師というゲバ棒ではなくて長刀をもって暴れ、神輿《みこし》をかついで皇居へも迫る暴力僧が出現しましたが、これは日本歴史にのこるゲバ学生と申せましょう。

このように少し歴史にたちかえってみますと、今日の世相などはすでにそのままいくらでも過去の歴史の中にあったことが判然といたします。

そこで当局者はゲバ棒学生に対する対策をたてなければなりませんが、この対策は政府や学校当局のやることですから、根本的な治療ができるかどうかは今後しばらく時間をかけて注目しなければなりません。それよりも大事なことはこの動乱・騒動の中から何が生まれるか。

例えば南都北嶺の山法師に失望して、これらの輩と伍しておれば、何にもならぬと奮発勉強した結果、仏教界に偉大な事蹟をのこした、法然・親鸞・日蓮、あるいは栄西・道元・明恵というような名僧が輩出しまして、これらの僧によって本当の学問、本当の仏教がおこされ、平安朝以来の堕落した仏教が救われて、いわゆる鎌倉仏教がおこったのであります。これが当時の武士に非常な感化を与えました。

だから現在の学園紛争対策についても、既成の頽廃した伝統に手当を加えたり、つぎはぎするというような、局面を糊塗《こと》する方法では駄目で、この混乱の中から、紛争にあきたらない学生の中から、何が生まれるか、またどんな人材が輩出するかを考え、いたずらに悲観したり、情報を集めたりするのではなくて、昭和の親鸞や日蓮が輩出するように努力することが大切なのであります。

しかし世相の変転が極まりない現代でありますから、本当に何がおこるかも知れません。まったく予想がつきません。そこで大事なことは何事がおきても、オレはこうするのだという識見や信念を養うことが第一でありまして、その方法はやはり歴史に学び、偉大な人物の教訓を読むことが一番であります。歴史というものは過去の経験・体験の例証からなる哲学であります。こういう時代ほど歴史と先哲に学ぶことが必要であります。

先哲講座——目次

第5講　『心の儘』――金子得處――87

第8講　真理に洋の東西はない　153

第9講　盛衰の原理原則　171

第10講　『言志後録』――佐藤一斎――191

第13講 学問修業の要諦とは――243

カバーデザイン／**川上成夫**

先哲講座

第1講――いま求められる人間像

今回から歴史上の先哲の名言をひろい出して講じてまいりたいと思います。

己酉《つちのととり》の年もすでに六月末となり、本年の干支が示唆するように前半はかなり荒れました。しかし後半はさらに荒れることでしょう。こういう現象を歴史に徴《ちょう》して調べてみますと、きまって二つの方向があります。その一つは理屈の通らない破壊活動が盛んになるということであります。あのナンセンスという言葉がそれを一番よく表現しております。ナンセンスというのは大正の末期から昭和の初めに流行した言葉です。あの頃にはナンセンスの外にエロ・グロという言葉も一世を風靡《ふうび》しました。ナンセンスとは無意味ということです。「そんなことは無意味だ！」ということがナンセンスであります。また破廉恥《はれんち》という言葉が流行しております。これはあらゆる理屈を無視する虚無的なことであります。その破壊には一切のものが含まれ、生活体制、政治体制、法制の破壊から道徳の無視にいたるまで種々様々で、その最も非人間的な言葉が破廉恥であります。

この頃はナンセンスよりも破廉恥のほうが流行しているようであります。われわれの常識で破廉恥というと、人間として最も軽蔑すべき言葉であって、破廉恥なヤツだと言われることは、男女共に致命的な攻撃非難であります。ところが破廉恥という言葉を礼讃の意味に使うそうであります。われわれの感覚とはそこまでずれがきておるのです。最大の侮辱の言葉が礼讃の言葉に変わっている。時代は大きな転換期を迎えたと申せましょう。これが第一であります。

次に享楽に耽溺・没頭するその最大のものが虚無的な男女関係、いわゆるフリーセックスです。日本はまだヨーロッパにくらべるとよいほうです。しかし次第にヨーロッパに近づきつつあると言われています。第一次大戦後ドイツ国内の風紀が乱れ、ベルリンに有名な女神の像がありますが、当時ベルリンで、処女はこの女神の像だけであると言われるまで頽廃したのであります。日本の男女大学生の風紀もかなり乱れていると聞きますが、日本の将来を背負う大学生がこんな状態ではじつに困ったことであります。

そこで一体これをどうして解脱・救済するか、新しい時代、新しい人間を創造するかということが最も大切であります。禅家ではこれを打出——だしゅつ——と申します。これは刀をきたえるようにたたき出すという意味の大変よい言葉であります。

この混乱と頽廃の中から本当のものをうち出すことが大切であります。これにはやはり論語にある通り「学ぶに如かざるなり」でありまして、さっそく第一題にはいりましょう。

▼事に臨んでうろたえぬ心構え

世人の通病、事に先んじては体怠り神昏《くら》し。事に臨んでは手忙しく脚乱る。事を既《を》へては意散じ心安んず。これ事の賊なり。

（明）呂心吾（新吾）『呻吟語』

世人の共通の病気・欠点は、事件がおこるまえには、身体がなまけ、精神がぼんやりして、まあまあということでごまかして、その日暮らしで過ぎる。そして事件がおこるとうろたえる。

ナポレオンの名言に「政治というものはあらかじめ政策を立て、それに基づいて着々と事を運んでいくというものではない。政治の実態は突然事件が勃発して、それにうろたえていろいろ間に合わせの方策を立てていくものである」と申しておりますが、聡明な本当に識見のある人からみますと、当然事件のおこることがわかっておったのですが、それに気がつかず、うろたえるのが世人の常であります。これに処する度胸だの機略がなければますます混乱いたします。

そこで人間ナポレオンを仔細に観察いたしますと、そういう大変なアクシデントが起こった時に、とっさに対応する心構え、機転・決断・勇気・実行力というようなものに富んだ人であったことがわかります。世界の人が英雄と称する所以であります。

ところが凡人は事に臨んでばたばたうろたえるばかりで、そしてどうにか問題がおさまると、まあよかったと安心しがちであります。これが問題に対する賊であるから、この賊を始末しなければ仕事はできません。これは明末の哲人呂新吾（呂心吾）の名著『呻吟語』にある文章でありますが、まことにこのとおりであります。

▼相応の実力を身につける

嘗《こころみ》に当今の学徒を観るに、その庠《しょう》校に在るや、孜々《しし》勤労する者あり。庠を退くに及んでは則《すなわ》ち倦《う》む。庠を退いて倦まざる者あり。妻子を蓄うるに及んでは則ち衰う。妻子を蓄えて衰えざる者あり。一患一災に逢えば則ち挫く。

塩谷宕陰「安井息軒の東遊を送る序」

安井息軒《そっけん》が東遊するときに、先輩である塩谷宕陰《しおのやとういん》が与えたじつによい教訓であります。現在の学生をみておると、在学中はこつこつとよく勉強するが、学校を卒業するとなまけてしまう。学校卒業後もよく勉強する者もあるが、女房をもち子供ができると、だんだん勉強しなくなる。女房子供ができても衰えない感心な者も、ちょっとした患や災にあうと、くじけて勉強しなくなる。これが世の学生の常だというのであります。知識だの技術だのというものはすぐに役に立ち、人の目もつきますから、誰もよく勉強するものですが、人として最も大切な心を修めるということは忘れがちであります。だから心がいつまでもできない。そこで妻をもち子供ができても勉強を続けるほどの者でも、一患一災にあうとすぐに駄目になる。よく注意をせよというわけです。全く痛い忠告であります。

塩谷宕陰という人は浜松藩主水野忠邦に仕えた幕末の碩学であります。安井息軒のほうは背の低い、醜男でありましたが、非常にできた人物でありました。人間というものは不思議なもので、あまり整って男っぷりがよいと、かえって平凡で印象に残りませんが、体躯堂々とした容貌魁偉の偉丈夫になると、これは印象に残るものです。

ところが短躯醜男でも、――精神内容がその容貌に似て軽薄でありますと、どうにもなりませんが、――修養の結果人物ができてくると、その醜貌が逆に芸術的な価値を生ずるものであります。例えば南画の大家が、花や美女のような美しいものを描くよりも、ひねくれた松だとか奇怪な石を描く。そこに独得の芸術があると申します。これは芸術論から考えるとよくわかります。人間の肉体の美というものは偶然の産物にすぎません。人形ならば単なる表現の美で済みますが、人間の美は肉体につりあう、精神が伴わなければなりません。美人はたくさんおりますが、大抵はその美を鼻にかけて修養を怠るものですから、せっかくの美が浅薄となり、やがてキザな美になり、かえって美のために人に欺かれたり、もてあそばれて堕落する者が多いものであります。

これが男子ですと、地位だとか、財産だとか、名誉だとか、ということが魅力でありますから、これに相応する実力がないと猿が冠をきたようで、軽蔑だの反感だのを招きます。そういうことを考えて安井息軒の人物を調べますと、じつに学ぶことが多いのであります。

▼速成を欲すれば努力は失われる

学に進むに漸《ぜん》あり。速かに成らんことを欲する勿れ。唯循循として已《や》まざれば則ち遂に必ず得ることあり。既に得ることあれば則ち又已むこと能はず。故に学んで三年、間断なくんば則ち必ず得る所あるなり。

南村梅軒

戦国の末期、土佐藩の武士階級に非常な感化影響を与えた哲人的学者・南村梅軒《みなみむらばいけん》が、学問について「速成ということを考えてはならない、順序段階を踏まなければならない」と戒めた言葉であります。速成という言葉は、今日の流行語で申しますと、インスタントであります。これが流行すると、人間は努力をしなくなります。

料理通の友人から教わった話でありますが、この頃は雞や鰻の速成飼育をやるものですから、昔のような肝《きも》料理はたべられません。速成のため特殊な飼料や薬品を与えるので、肝だけは駄目だそうであります、やはり肝は年を重ねて自然にできたものが一番であります。

大事なことを肝腎《かんじん》要《かなめ》と申しますが、人体で最も大切な臓器は肝臓と腎臓と腰であることは学理的にも明瞭であります。この肝の養成には長い年月と修養が必要です。甘く育てられた人間やふらふらした人間には肝がありません。肝臓を悪くすると必ず腎臓を病み、腰がふらふらしてすわらなくなります。この頃街を歩くとよく腰のすわっておらない若者を見かけますが、これは亡国的現象であって、民族の将来をになう若者がこうなっては、よほどの注意と警戒が必要であります。ギリシャやローマの滅亡した原因もここにあります。

しかるに今やすべてがインスタントの流行となりまして、食物はもとより、知識や教育にいたるまでインスタントになってしまって、人間は努力を忘れてレジャーを楽しみ、これが二十世紀の輝かしい科学文明の勝利だなどと言っておると、大変な結果を招くことはもう疑問の余地がありません。

▼〝煩〟をいとうのは人間の大病

煩を厭《いと》うは是れ人の大病。是れ人事の廃弛し、功業の成らざる所以なり。蓋《けだ》し事物の応接煩多と雖《いえど》も、皆是れ吾人当《まさ》に為すべき所、分内の事なり。但だ序に循《したが》つて漸為せば、則ち心を苦しめ力を労するの患無くして、行を果たし事を成すの功有り。程子曰く、是れ事、心を累《るい》するに非《あら》ず。却《かえ》つて是れ心、事に累せらるるなりと。朱子曰く、学者常に細務を親《みずか》らするを要す。心をして粗ならしむるなかれと。此等の言、放惰にして事を厭う者の戒と為すべし。今の学者往々煩を厭うの病あり。終に事を做《な》さざる所以なり。

貝原益軒『慎思録』

貝原益軒が「煩を厭うは是れ人の大病である」とその随筆集『慎思録』に書いております。わずらわしいことを避けて、なるべく簡単にしようとするのは人間の大病であって、そのために人事に関する問題が駄目になり、事業が成功しません。どんなにわずらわしい事が多くても、すべて自分のことは自分でやらなければなりません。いくらうるさい、わずらわしいことであっても、順序よくやりますと、意外に苦労が少なくて成功するものです。

宋初の哲人である程明道が「問題や事件が、心を累《るい》するのではなく、人間が勝手に事に累せられるのであって、主客転倒である」と申しております。朱子はまた「人生を学ぶ者は常に細かいことをやって、心を緻密にしなければならない」とも言っておりますが、これはやりっぱなしのなまけ者が、事をいとうのに対する切実な戒めであります。この頃の学者は根気がないものですから、煩をいとい、そのために失敗する例が多いものです。

蔣介石総統が崇拝している清末の偉人に曽国藩《そうこくはん》という人があります。この人は湖南省出身の代表的人物でありますが、湖南省からはいろいろな人物が出ておりまして今日でも多いことであります。また毛沢東も湖南省出身でありまして、蔣介石と毛沢東の取り組みはまことに面白いものがあります。曽国藩という人は長髪賊の大乱を鎮定するのに大功のあった人です。

この人の座右の銘に「四耐」――耐冷・耐苦・耐煩・耐閑という大変きびしい言葉があります。まず冷に耐えるということ、人間は世間の冷たいことに耐えなければならない、また苦しみにも耐えなければならない、煩わしいことにも耐えなければならないのであるが、最後に比較的耐えやすいようで最もむつかしいのが閑《ひま》に耐えることであります。

ひまになると、心が散漫になって、頭が早く呆けます。最近はお互いに非常に忙しいから閑に耐えるというような必要がないかも知れませんが、じつはその忙は精神的空虚化ですから、たまたま病んだり、仕事がなくなると、たちまち身体の調子が狂ってきて急にふけます。そこでこの閑に耐える工夫が大切であります。

さらに曽国藩は「四不」――不激・不躁・不競・不随という四つの戒めを残しております。大事をなさんとする者は興奮してはいけない。ばたばたしてはいけない。またつまらぬ人間と競争してもいけない。しかし人のあとからのろのろとついていくのは最もいけない。じつに味のある戒めでありますが、これを実際に行うことは非常にむつかしいことですから、自由にできる人は余程の人物です。こういう心境が養われ、行動ができるようになると、人生のいかなる問題に直面しても、騒いだり悩んだりしなくなりましょう。

要するにこういう人物が出てきませんと今日の時局も救われません。真にこういう活眼をひらいた人物によって、不激・不躁・不競・不随、世と人の正常化をはからなければなりません。

第2講——上に立つ者の人間学

いつの時代でも行き過ぎては元にもどり、それが沈滞しますと、反体制運動がおこり、そしてまた行き過ぎるようになって、なかなか中道を歩むということはむつかしいことでであります。中道の「中」を多くの人は、相対する二点を結んだその真ん中であるというように、非常にスタティックと申しますか、動的に対する静的な観念のように誤解をいたしますが、本当の中とはもっと動的な、つまりカイネティックとかダイナミックという言葉で表現されるものであります。事実、人間世界には絶えず堂々めぐりがくり返され、あっちへいったり、こっちへきたりする現象が多いものですが、これは両方の矛盾を統一して一段高いところへ進む過程であって、これが本当の中であります。

したがって、本当の中というものは非常にむつかしいものであります。

中庸に「子曰く、天下国家も均しうすべきなり。爵禄も辞すべきなり。白刃も踏むべきなり。中庸は能くすべからざるなり」とありますが、これを今日の言葉で表現いたしますと、一つのイデオロギーで世界を統一するということは大変むつかしいことであるが、やってできないことではない。名誉ある地位や富貴を辞退することも決して困難ではない。また白刃の脅威をおそれない人でも、中庸を実践することは大変むつかしいことだと孔子は申しているのであります。これは哲学だけの問題ではなく、あらゆる芸道に通ずる問題であります。特に日本の武道にはこの中の思想が荘厳という言葉で表現してよいくらい見事に実現されております。


　戦国以来発展しました武道にはいろいろな極意というものがありますが、これらに共通している点はこの中の原理であります。一刀流には一刀流の型、無念流には無念流の法というものがあって、皆それを「守」って鍛錬精進するのでありますが、またこれらの型や法にとらわれず、新しい型をあみ出すことを「破」と申しまして、これは方法を誤ると無規律・放埓になりやすいものです。そこで本当はこれらを解脱しなければなりません。これを「離」といって、「守・破・離」の三つは武道の原理であり原則であります。

これを現代に適用しますと、昨今の大学問題が挙げられましょう。大学制度は明治以来「守」のほうが固定化して、内容が乏しくなったため、これに対する「破」、反体制運動がおこり、固定化した大学を改革しようとして行き過ぎたり堕落したりした結果、どのように転回し収拾するか、つまり「離」にもっていくかということに当局者はもとより、思想家・評論家の間からも活発な意見が出ているのが現状であります。しかしこれは議論や単なる思索ではだめであって、やはり真剣な精神的自覚や努力が本体とならなければ、決して成功するものではありません。

モデル大学をつくることが内閣でも問題となっておりますが、これもただ観念や形式では先が見えすいておりまして、失敗した実例が外国にたくさんあります。この間カナダから来た人の話によりますと、バンクーバーの近くのたいへん景色のすぐれた、山紫水明の理想的な場所を選んで、立派な施設で、その上すぐれた教授を集めて、モデル大学をつくったそうでありますが、理想どおりに運営できず、現在ではビートルズやヒッピーのたまり場のような学校になってしまっているということであります。日本のモデル大学もよほど運営管理をしっかりやらなければ、このようなとんでもないモデル大学になるおそれがありますから、容易なことではありません。

ところがわが国には過去の歴史を調べますと、成功した例がたくさんあります。例えば林述斎とか佐藤一斎とか広瀬淡窓のような、人間としても人の師としてもすぐれた上、学問にも卓越しておったこれらの先生たちが生きた精神、魂のこもった教育を行っております。その組織あるいは教育施設が塾であります。つまり生きた人物と精神のかよった施設が成功した例であります。

今後の学校教育においても、理論と設備だけでは人間教育はできません。そこで最近ますます人間学というものが力説されるようになってきましたが、かかる意味で過去の文献を含味《がんみ》いたしますと、限りない実益がございます。文献というものはただドキュメント、記録だと思っておりますが、それは単なる「文」であって、「献」はささげるという文字でありますから、賢者の賢に通ずるもので、文献の本当の意味は賢者、あるいは哲人と記録であります。

それではその文献を読むことにいたしましょう。

▼小事が大事を表す

人間の真実の正しさは、礼節と同様、小事における行いに表れる。小事における正しさは道徳の根底から生ずるのである。これに反して大袈裟な正義は単に習慣的であるか、あるいは巧智《こうち》に過ぎぬことがあり、人の性格についていまだ判明を与えぬことが

ある。

（スイス）ヒルティ語録

これは名高いスイスのヒルティの言葉であります。

この人は非常にすぐれた指導者で、ベルン大学の教授でありました。また模範的な国会議員および軍事裁判所の判事でもあったので、ハーグの国際軍事裁判所の判事もやりましたが、元来プロテスタントに属する人であります。しかし少しも宗教的偏見がありません。その信仰や道徳に豊かな文学的表現を与えたということで、本当に哲人と呼んでもよい人であります。

この人の『幸福論』は世界的に有名であって、『眠られぬ夜のために』はじつに興味の深いよい書物であります。世間では文豪といえば、ロシアではトルストイをあげ、ドイツではゲーテをあげますが、ヒルティはこの二人に対して、作品は立派だとしておるけれども、人間的にはあまり重きをおいておりません。むしろイタリアのダンテを推奨しておりまして、ヨーロッパ人としては珍しい見識と信念の持主であると思われます。

人間の本当の正しさは、ちょっとした日常の挨拶や振る舞いにあらわれ、何でもない行動に、案外人間内容やその背景を知ることができるものです。これに反して、大層偉そうな大袈裟なことを言うものはあてになりません。こんな人ほど、家の中や友達とのつきあいになると、とんでもない愚劣なことを平気でやるものであります。昔からよくいうように「一言・事を破る、一言・人を誤る」で、ついうっかり言った言葉、ちょっとやった行為がその人間を決定します。

この頃は日本でもよく国際会議が開かれ、いろいろな議論や演説が盛んに行われますが、みな形式に終始して、じつは内容の乏しいものが多いものです。それよりも会議の途中、あるいは会議の終わった後の立ち話や廊下で行う挨拶で、活きた解決が行われます。日本人はロビーなどでうちとけて外人と接触することが下手だと言われておりますが、これは平素本当に内容のある活きた学問修養ができておらぬからであります。

外交評論界の長老から私は次のような話を聞いたことがあります。

自分は特にヨーロッパの外交史を専攻したので、当然ヨーロッパの思想史を一通り勉強しました。したがってキリスト教についても、その信仰道徳などに一応通じたつもりでおったところが、これが本当のキリスト教だ、と文字どおり身をもって知ったのはささやかな出来事であった。ある日、非常に親しく教えをうけた神父とジュネーブの街を歩いておるとき、日本人の一欠点と申しましょうか、何げなく路上に痰《たん》をはきました。するとその老神父は突然私を抱きかかえて「いけない――大地を恥ずかしめてはいけない――」と言って注意をしてくれました。この時ほど衝撃と羞恥を覚えたことはなかった。それと共に神父に敬服し、これがキリスト教であり、これが信仰であるということを本当に身をもって知った――

というこ とでありますが、これなどはきわめて小事であります。しかし、この小事が本当に大事を表現しております。これはわれわれの活きた学問または思想問題としてよく学ばなければなりません。

▼人の価値は何によって決まるか

人間の真価を直接に表すものは、その人の所持するものではなく、その人の為すことでもなく、ただ、その人が在るところのものである。

偉大な人物とは、真実な人のことである。自然がその人の中にその志を成し遂げた人のことである。彼らは異常ではない。ただ、真実の階梯《かいてい》を踏んでいる。

（スイス）アミエルの日記

アミエルはヒルティより少し先輩であります。終始ジュネーブ大学の教授をもって任じ、学問と思想と著述にその生涯を献《ささ》げましたが、しかし、その著述も大して世に問うてはおりません。その中で彼が残しました一万六千頁にわたる日記は有名でありまして、日本でも多くの人に読まれております。

真に人間の真価をあらわすものは、その人がどういう地位にあるとか、どれほど財産をもっているとか、どんな名誉職にあるとか、あるいはまたかつて国会議員をやったとか、大きな会社の重役であったとか、何か大きな事業をなしたとか、というようなことではなくて、ただその人がどういう人間であるかということであります。

偉大な人物とはまことの人であります。偉人とか、英雄とかいわれるような異常の人ではなく、ただまことの人であります。自然の権化と申しますか、自然が造った人物のことであって、真実の段階をふんでおります。

これに関連して思い出すのはケインズの言葉です。一時ケインズの経済学が日本を風靡《ふうび》したことがありますので、おそらく皆さんもこの人をご存知であろうと思います。ケインズの絶筆と申しますか遺著に『我が若き日の信念』という本があります。じつに興味の深い内容のある書物で、その中に彼は「今日は非常に功利的となって、人間内容もきわめて打算的な人が多いが、人間の価値は、その人間が何を為したかより、その人がいかにあるべきかのほうが重大である。例えば教会に行って説教を聞き、敬虔な祈りをささげることは誰でもやることであるが、これは信仰というものではない。それよりも、いかにキリストの教えに従っているかということが大切である。金をもち、地位があり、いろいろな事業をやったなどという人は世の中にたくさんいるが、これは必ずしもその人の真実をあらわすものではない。何もしなくても、また何ら人の目に立たなくても、立派な人は立派であるのだ。これが人間の真価をきめることであって、この信念はいつの時代も変わらぬ真実である」と書いております。

これはちょうどアミエルの言葉と符節を合するものであります。本当の人間の考えることは皆このように一致するものであるという感を深くいたします。

特に子供の教育にはこれが大切であります。教育ママが教育を誤るのもこの点であって、子供は純真でありますから、つい熱心な母親の強制的な言葉に従います。だから子供が机に向かってさえいると、マンガを読んでいても、眠っていても、素直に勉強していると、教育ママは思いがちですが、こんな勉強、こんな教育は何にもなりません。子供の真心によく注意して、強制するのではなく、これを認め励まさなければなりません。形式主義、功利主義というものは厳に戒めなければなりません。

▼習慣とは人間の第二の徳性

人生の行為において習慣は主義以上の価値を持っている。何となれば習慣は生きた主義であり、肉体となり本能となった主義だからである。誰のでも主義を改造するのは

何でもない事である。それは書名を変えるほどのことに過ぎぬ。新しい習慣を学ぶことが万事である。
それは生活の核心に到達する所以である。生活とは習慣の織物に外ならない。

（同前）

アミエルの名言であります。そこで人間とは何か、人間内容についてちょっと触れておきたいと思います。

人間には本質的要素と付属的要素があります。

本質的要素というものは、これがなければ、形は人間であっても、人間でない、つまり人間にとってなくてはならぬ本質をなすもの、言いかえると徳性であります。人を愛する、人に報いる、人を助ける、あるいは明朗で、清潔である、正直であるというようなことがなくなったら、これは人間ではありません。これが本質的要素であります。

これに対して付属的要素というものがあって、これを大別しますと二つに分けることができます、一つは知性・知能、また別の一つは技能であります。ほかの動物と異なり特に発達した知能や技能によって、人間の文明が開発されたのですから、当然この知能・技能というものは大切なものには相違ありませんが、人間そのものから申しますと、要するに付属的要素にすぎません。どんなに有用なものであっても、貴重なものであっても、これは属性であります。

これに対して、もう一つ本質的な要素、徳性に準ずるものが習慣であります。これは第二の天性といわれるごとく、非常に大切なものであります。したがって習慣は知性や技能と異なり本質的な要素と申せましょう。

これに対してイデオロギー闘争という、知性あるいは理論闘争がありますが、これは観念の遊戯・論理の遊戯でありますから、物事の解決にはなりません。現にソ連・中共ではこの闘争が盛んに展開されておりますが、理論そのものでは絶対に解決になりません。やはり本当の人格・知性によって初めて解決がつくものであります。

また人間をつくる上においてもこのようなイデオロギーや、技術・技能では駄目であって、本当の正しい生活、正しい心構えが必要であります。それがあって、私達は正しい習慣・正しい躾《しつけ》を身につけることができます。われわれの正しい生活とは習慣の織物と申してよろしい。したがって子供の頃はよい躾を、大人になってもよい習慣をつけることが何よりも大切であります。

▼不善を積めば病む

人不善を積むこと多くして心神鬱悸《うつき》す。医家知らずして却《かえ》つて草根樹皮を以て之を治せんと欲するも難い哉。只当《まさ》に己に反り、過を改め、倫理を正し、恩義を厚くすべし。此の如くんば乃《すなわ》ち薬なくして喜あり。

谷　秦山

寛永年間に出た、土佐の谷秦山《じんざん》の言葉であります。

秦山は山崎闇斎《あんさい》、浅見絅斎《けいさい》について学んだ、学識・信念共に非常にすぐれた人でありまして、日本の代表的な人物を学界思想界から選ぶとすれば、その選にはいる人であります。不幸にして幼少の頃から多病であって、病とたたかいながら真剣に学びまして、その性格もきわめて清浄であります。師匠の浅見絅斎と意見を異にし、一時義絶《ぎぜつ》されたことがありますが、それでも意見主張をまげず、師にも屈しなかった人であります。ところが絅斎の著書『靖献遺言』を常に座右におき、弟子たちにそれを講じたという本当に私心のないゆかしい人柄でありました。

この文章は平素多病であった秦山が、苦しんだその病に関して書いたものであります。不善を積み重ねると内にこもって、心臓や肝臓などの内臓が円滑に働かなくなる。医者はその原因を知らないからいろいろ薬をもって治療しようとするが、それはなかなかむつかしい。そこでよく自己を反省して、過を改め、人のふむべき道を正し、すべてに感謝の気持ちを厚くすると、薬もいらず病気は治ってしまうものである。

秦山は五十六歳で没しておりますが、当時としては短い生涯ではありません。これは病弱の身でありながら、この文章のように常に節制につとめた結果であります。昨今の西洋医学をみても、こういう方面が非常に進歩してきました。西洋のすぐれた学者、生理学者・心理学者などは、驚くほど精神的になると同時に、東洋の医学・道徳学というものを研究しておりまして、時々襟を正すと申しますか、頭のさがることがよくあります。

例えば最近の学説によりますと、われわれの内臓諸器官は単なる物体ではなくて、たえず呼吸をし話をしている、という大変面白い事実があります。

われわれの感情のあり方、情緒・エモーションなどによって、内臓諸器官の活動は刺激されるので、内臓の障害は大体感情に起因するものが多いのであります。また、内臓諸器官ばかりでなく、汗や呼吸なども心・情緒と密接な関係があり、肉体的変化なしに感情というものはなく、感情をぬきにして肉体的変化はありません。

さらに面白いことはわれわれの内臓には時計があると言われておることであります。暦の上で子《ね》の刻と申しますと、夜の十一時が境となりますから、今夜の十一時過ぎに生まれた子供はその生日が明日の日付になるわけであります。したがって日常生活はこの十一時を限度に終わって就寝するようにしなければなりません。

またわれわれの内臓において一番大切なものすなわち肝腎なものは、言葉のとおり肝臓と腎臓であります。これに要（かなめ）、すなわち月（にくづき）をつけた腰を加えて、肝腎腰と申します。この三つが代表的な大切なものですが、これに次いで心臓をあげます。心臓の働きは常に血液を運行させておりますから、一番病気にかからないものです。したがって心臓を病むというのはほとんど肝腎腰の影響によります。腰をいためると、上体下体の統一が破れて多くの障害がおこりますから、絶えず腰を大切にして、腰ぬけにならぬよう、よい姿勢を保たなければなりません。

肝臓は午前一時から三時の間にエネルギーを蓄えるものであります。この時間には一番休息を与える必要があります。一時頃になっても酒を飲んだりマージャンをしたりしておりますと、非常に肝臓をいためます。また、腎臓は午後五時から七時の間が充電の時間であります。

心臓は午前十一時から午後一時の間がそれに当たるので、昼食後演説をしたり過激な運動をする事は最も心臓によくありません。

最後に肺でありますが、これは午前五時から七時であります。したがって毎日遅くとも六時には起床して深呼吸をするとよろしい。大体人間は肺の容量の六分の一くらいしか呼吸をしておりません。したがって肺の底には悪い空気がたまったままであります。そこで朝起きると必ず深呼吸をする必要があります。

深呼吸の方法は呼吸の文字が示すように、さきに肺にたまっている悪い空気を吐かなければなりません。すっかり吐き出してから吸うのが原則であります。そうしますと、肺は能率を上げて、エネルギーを蓄えます。こういうふうにわれわれの内臓には時計があると、西洋医学の大家が解明しておるのであります。

また、大脳皮質の発達していない子供について考えますと、本能的に愛情とか尊敬とか怒りなどについては敏感にうけとるようであります。だから幼稚と考えてはなりません。感情的に純真でありますから、大人からうける愛情とか怒りがそのまま赤ん坊の生理すなわち健康に影響します。

病気というものは大抵赤ん坊の時に感情的情緒的に大きな打撃をうけたことが原因となっておるようです。例えば喘息患者は大体子供の時に母親に甘えて育った者が多いと言われております。

故人となられた終戦の際の陸軍大臣・下村定大将が喘息で苦しんでおられたので、「あなたは子供のころ大変甘えん坊でお母さんに甘えましたね――」と申しましたところ、「先生、それが分かりますか。私は女ばかりの姉妹の中でただ一人の男の子でしたから、父も母も本当に甘えさせてくれました。それが喘息の原因になるとは恐ろしいことですね――」としみじみ語っておられました。

交通戦争と言われるように自動車事故が非常に増えましたが、医者の統計によりますと、事故を起こす者は大体において我が強く、せっかちで、目先のことに夢中になるという共通した性癖の者であると申します。そしてこの性格の者は一度ならず二度も三度も、繰り返して同じ事故を起こしております。これらの原因は運転技術の問題ではなく、心理的原因によるものです。

酒の害や煙草の毒について申しますと、アルコールやニコチンによる外的な毒は割合に軽く、問題は心理的感情的にやる飲酒喫煙が重大であります。例えば腹を立ててやけ酒を飲むとか、精神的苦悩をまぎらすためにむやみに煙草を喫うなどは最もよくありません。

そこで結論を申しますと、われわれは常に安心感とか感謝の気持ちとか余裕をもって事にあたっておりますとどんなに仕事が忙しくとも健康を害するようなことはありません。

▼現代社会にはびこる六つの病

奢《しゃ》を以《もっ》て福ありと為す。詐《さ》を以て智ありと為す。貪を以て為すありと為す。怯を以て

守ありと為す。争を以て気ありと為す。嗔《いかり》を以て威ありと為す。

『格言聯璧《れんぺき》』

ぜいたくをして幸福であると思うのは誤りである。うまく人をだまして自分は頭がよいと思うのはいけない。貪欲の結果、物をあつめて自分にそれだけの手腕があると思うのはいけない。小心でちょっとした事にも恐れている者が慎重派だと思うのは誤りである。喧嘩ばかりしていながら自分には勇気があるなどというのはいけない。上に立つ者が下の者を叱りつけて、いかにも威厳があると思うのは誤りである――。

現代の世相をながめますと、この六錯の人がきわめて多く、この人たちが社会を誤らせておると申してもよいと思います。誤りを誤りとせず、かえって自分の手腕としたり、人をだまして、自分は頭がよいなどと考えることは許されぬことでありますが、毎日の新聞やテレビのニュースを見ておりますと、これらの者の犯罪があとを絶ちません。誠に困ったことであります。これを正さなければ日本も救われません。

▼災いは人生最良の師

或《あ》る人問う、人、患難に遭う、これ不幸なる事か。曰く、患難は亦これ事を経ざる人の良薬なり。心を明らかにし、性を錬り、変に通じ、権に達する、正に此の処《ところ》に在つ

て力を得。人生最も不幸なる処は、これ偶々《たまたま》一失言して禍及ばず、偶々一失謀して事倖成し、偶々一恣《し》行して小利を獲ることとなり。後乃ち視て故常《つね》となし、恬《てん》として意と為さず。則ち行を敗り検を喪《うしな》うことこれより大なる患なし。

（同前）

ある人が、「心配ごとや災難にあうのは不幸な事ですか」とたずねたところ、「患難は世の経験を積んでおらぬ者に対する良薬である。心を明らかにして、奥深い本性を錬り、いろいろな変化に応じて事を正しくはかり得るのは、いろいろな患難にあって実力が養われるからである。人生における最大の不幸は、失言をしても運がよいために失敗や禍が身に及ばなかったり、また考え違いをしても偶然にうまく事が運んで成功したり、あるいはわがまま勝手をやったのに小利を得ることである。そしてそれをあたりまえのように考えて世の中を甘くみると、遂に大きな失敗をして、しめくくりができなくなる。これが人生の最大の病である」。

『格言聯璧』という中国の書物は清朝末期の金蘭生という有名な逝江地方の長者の著したものであります。

第3講——先哲に学ぶ理財の道

幕府の大学総長林述斎に仕え、やがてその後継者として大学総長に就任した佐藤一斎は、最も広く日本人に知られている一人でありますが、大学総長としても比類のない影響を全国的に与えた人であります。そしてこの佐藤一斎が幕府の大学、すなわち湯島の聖堂を管理しておりました時が、徳川三百年間のうちで一番教学の栄えた時と申してよいと思います。

一斎、名は坦。通称捨蔵。美濃岩村藩の家老の伜《せがれ》であります。岩村藩は幕府親藩の一つ松平家の所領でありまして、述斎はこの松平家の御曹子に生まれ、じつに英邁《えいまい》な見識と学才に富んだ人傑であります。一斎はその述斎の学友にあげられ、一緒に勉強して成長し、終生形影相随《したが》うような関係になったのであります。一斎のほうが述斎より四つ年下でありますから、年輩から申しましても本当に学友たるにふさわしい間柄でありました。

当時幕府の教学は朱子学でありまして、林家がその学職を司っておったのでありますが、たまたま適当な後継者がなかったので、松平定信がこの松平家の御曹子に目をつけ、幕命で林家を継がせまして、林述斎となったのであります。述斎が役職を辞して隠居するにあたり、一斎が推薦せられて昌平黌を主宰しました。

佐藤一斎と申しますと、大層固苦しい学者、口やかましい人を想像するのでありますが、なかなか太っ腹の、スケールの大きな錬達の士であります。多くの人材を包容し、これをよくとりたてた大教育家であります。世間では陽朱陰王、すなわちうわべは朱子学で、陰では陽明学だと悪口を言う者もありますが、そのような学派的対立は全くありませんでした。またそのようなことにこだわる人ではありません。

元来派閥等をつくっていがみ合うということは、人間のけちな証拠であって、とにかく学者というものは象牙の塔にこもって、世間から遊離した生活ができるものですから、窮屈な人間が多いようです。技術者・専門家にもこの傾向があるのは、自分の技術や、専門的知識の中にとじこもって処世ができるものですから、人間としてかたぐるしく、けちになりがちであります。僧侶・神官等にも同様の傾向がみられます。こういう悪い癖を去って、自由闊達《かったつ》になるということは、もちろん天稟《てんぴん》もありますけれども、やはり見識・修養がなければなりません。その点から申しましても、述斎・一斎両先生はじつに偉い人であります。したがって一斎先生の門には多くの人材が輩出いたしております。

山田方谷もその一人でありまして、この人は備中松山・板倉藩の家老であります。大変英邁な人で、おそらく大藩に出生しましたならば、幕末維新に大功を立てたと思われます。人間の運命というものは計り得ませんから、あるいは幕末動乱の犠牲になったかも知れませんが、僅か五万石ぐらいの備中山間の小藩の家老であったので、大変な器量人でありながら、おもてに立たないで終わっております。しかし藩公は山田方谷の補佐を得て大いに治績をあげ、幕府の勘定奉行から老中という要職についております、

備中の板倉藩と申しますと、貧乏板倉という評判をとった疲弊した藩でありましたが、これを完全に立て直して、財政・経済ばかりでなく、士風まで一新いたしまして、旅人が一歩板倉藩領にはいるとすぐわかった、というくらい成績をあげた人であります。

この山田方谷に傾倒した人物に越後長岡の河井継之助があります。この人は作家の司馬遼太郎氏が『峠』という小説に書きましたので、よく知られるようになりました。号を蒼龍窟といって不軌奔放の英傑であります。文字どおり誰にも屈しなかった人ですが、山田

方谷には真に傾倒しております。

方谷が佐藤一斎の門にはいりましたのは三十歳のときで、それより三十三歳の年まで従学しております。人物学問が立派であったので、師の一斎が塾頭に望んだのでありますが、断って田舎の板倉藩に帰って藩士の教育にあたりました。

方谷と同時期に一斎の門には佐久間象山がおりまして、この二人が当時一斎門下における双璧でありましたが、二人が寄ると議論となり、熱論・激論が夜を徹して行われるので、他の塾生が弱って、師の一斎のもとへ訴えて出ましたところ、一斎はしばらく考えた末、山田と佐久間なら放っておけとなだめて、とりあげなかったという逸話がありまして、これは一斎もさるもの、あの二人の議論ならお前たちにも参考になるだろうと思われたのでしょう。面白い話であります。

こういう人でありますから、天下の大名や、各藩の志のある武士が一斎の門に続々あつまりました。そしてこれらの武士を広範囲にわたって教育し、とりたてたものですから、一斎の名声は非常に高く、誰知らぬ者がないというほど有名になりました。

一斎の著した『言志録』は、年代順に言志録・言志後録・言志晩録・言志耋《てっ》録と四つありまして、おそらく教養ある人が最も多く読んでいる書物のひとつと申してよいと思います。

その言志録の中で、佐藤一斎は「理財」について多くの名言をのこしております。これはその当時すでに各藩の財政が苦しかったので、財政を担当する人々を指導する目的で書かれたものであります。その中から特に啓発される三節を選んで、テキストにいたしました。

▼財はどう使いどう運用すべきか

財を理《おさ》むるには当《まさ》に何の想を著《つ》くべきか。余謂う、財は才なり。著想当に才人を駆使する如く然《さ》すべし。事を弁ずるは才に在り。禍を取るも亦才に在り。慎まざるべけんや。

佐藤一斎『言志後録』

財という字には「たから」という意味のほかに、才能の才と同じ意味があります。また裁縫の裁の字、すなわち、たつという意味にもつかいます。

自分はこう考えておる。財は才だ。だから財貨をうまく運用処理するのは、ちょうど才人を駆使するようにしなければならない。仕事を処理するのは才能であるけれども、その才能によって災を招くことがある。つまり財をおさめるのは才と同じことであって、これをうまくやれば人生に益するけれども、下手につかうと災いを招くから、注意しなければならない――。

東洋の人間観の一つに才と徳とをくらべて、小人と君子を判別いたします。元来徳とはその人間の本質、才とはその人間のそなえている能力であります。才は徳をまってはじめて効用を発揮する属性的な要素でありますから、大事なものではあるが、時には有害でもあります。したがって才と徳の両方が相まって完全に発達した人は偉人であります。こういう人はめったにありません。生まれつきにしろ、修養によるにしろ、とにかく徳が才に勝っている人を君子、これに反して才が徳に勝っているタイプの人を小人として区別しております。

むろん、これは比較の問題ですから、徳も才も共に小さくてけちではあるが、徳の才に勝った小さな君子もあれば、反対に偉大な徳と才の所有者であっても、才が徳に勝っておる偉大なる小人もおるわけであります。

この君子・小人の論というものは、東洋の倫理学・人物学上まことに興味の深い大きな問題であります。熊沢蕃山《ばんざん》などは、政治・経済・事業には特に才を必要とする、才がなければこれらの一切がおこなわれない、それだけに才を用いるには警戒と訓練が必要である、と言って一種の見識をもって人を用い分けております。したがって、政治家とか事業家にはこの才人をどれだけ使いこなせるかによって、その成敗がかかっておるわけであります。

金も同様であって、これがなければ事業の経営も生活もできませんが、この金をどう使うかが問題であります。人間ができないと金は使えません。危険が伴います。こういうことを佐藤一斎は考えていたようであります。

財は天下公共の物なり。其《そ》れ自ら私するを得べけんや。尤《もっと》も当に之を敬重すべし。濫費する勿《なか》れ。嗇用《りんよう》する勿れ。之を愛重するは可なり。之を愛惜するは不可なり。

（同前）

金は天下のまわりものということわざがありますが、このことわざのとおり財は天下公共のものであります。たいてい人は皆財は私有物であると考えておるようですが、これは誤りである。特に現代は国内ばかりでなく、国際関係が発達したため、財というものは国際経済の流通物となり、公共性・流通性に富み、これを退蔵することを許されなくなりました。つまり、使うために金はあるという観念であります。しかしこれが大変むつかしい。財を尊重して大事にしなければなりません。と言って濫費をするのはよくないが、私心私欲で使いおしみをしてはいけない。金は大事にするのはよろしいが、天下公共のものを退蔵することはいけません。

財を運《めぐ》らすに道有り。人を欺かざるに在り。人を欺かざるは自ら欺かざるに在り。信を人に取れば則ち財足らざるなし。（同前）

財を運用するのに方法がある。あの人は真面目な人で、他人をだまさないから信用ができる、というふうに世間から信用されると財はいくらでも流通しますから、金が不足だということはありません。金が足らないということは信が足りないからです。だから理財の道はまず信用からであります。

▼財にとらわれれば小さくなる

理財の密なる、今日より密なるは無し。而して邦家の窮せる、今日より窮せるはなし、畎畝の税、山海の入、闢市舟車畜産の利は、毫糸も必ず増す。吏士の俸、貢武の供、祭祀賓客興馬宮室の費は、錙銖も必ず減ず。理財の密なる此の如し、且つ之を行うこと数十年、而も邦家の窮は益々救うべからず。府庫洞然として積債山の如し。豈《あ》に其の智未だ足らざるか。其の術未だ巧ならざるか。抑々所謂密なるが尚疎なるや。皆非なり。夫れ善く天下の事を制する者は、事の外に立つて、事の内に屈せず。しかるに

今の財を理《おさ》むる者は、悉《ことごと》く財の内に屈す。蓋《けだ》し昇平已に久しく、四疆虞《おそれ》無し。列侯諸臣、坐して其の安を享《う》け、而して財用一途、独り目下の患と為る。是を以て上下の心、一に此に鍾《あつ》まる。日夜営々、其の患を救わんことを謀って、而して其の他を知ること莫し。人心日に邪にして、而して正す能わざるなり。風俗日に薄くして、而して敦うする能わざるなり。官吏日に汚れ、民物日に弊れて、而して検する能わざるなり。文教日に廃れ、武備日に弛みて、而して之を興し之を張る能わざるなり。挙げて焉《これ》を問う者有れば、乃ち曰く、財用足らず、奚《なん》の暇あつてか此に及ばんと。嗚呼此の数者は経国の大法にして、而も舎《お》いて修めず。綱紀是に於てか乱れ、政令是に於てか廃る。財用の途、亦将に何に由つてか通ぜんとす。然り而して錙銖毫糸の末を較計増減す。豈財の内に屈する者に非ずや。何ぞ其の理の愈々密にして、而て其の窮の愈々救うべからざるを怪しまんや。一个《こ》の士、蕭然赤貧、室・懸磬《けい》の如し。甑《そう》中塵を生ず。而も脱然高視、別に立つ所有り。而して富貴も従つて至る。財の外に立つ者なり。匹夫匹婦の希う所、数金に過ぎず。而も終歳齷齪《あくせく》、之を求めて得ず、饑餓困頓、卒に以て死するに至る。財の内に屈する者なり。今堂々たる侯国、富・邦土を有す。而も其の為す所は、一个の士に及ばず、匹夫匹婦と其の愚陋を同じうす。亦大に哀しむべからずや。三代の治は論無きのみ。管商富強の術に至つては、聖人の徒の言うを恥づる所。

然れども管子の斉に於ける、礼儀を尚んで、廉恥を重んず。商君の秦に於ける、約信を固くして刑賞を厳にす。此れ皆別に立つ所有り。而して未だ必ずしも財利に区々たらざるなり。唯だ後世興利の徒、瑣屑煩可、唯だ財をこれ務め、而も上下倶に困しみ、衰亡之に従う。此れ亦古今得失の迹昭々たる者なり。今明主賢相誠に能く此に省み、一日超然として財利の外に卓立し、出入盈縮、之を一二の有司に委ね、特に其の大数を会するに過ぎず。乃ち義理を明かにして以て人心を正し、浮華を芟《か》つて風俗を敦うし、貪賂を禁じて以て官吏を清くし、撫字を務めて以て民物を贍《た》らし、古道を尚んで以て文教を興し、士気を奮つて以て武備を張れば、綱紀是に於てか整い、政令是に於てか明かに、経国大法修まらざるなし。而して財用の途亦従つて通ぜん。英明特達の人に非ざるよりは、其れ孰《たれ》か能く之を誠にせん。（同前）

これは山田方谷が三十歳頃に書いた名論であります。この理財論は単なる議論ではなく、板倉藩が非常に貧乏で、もうどうにも手がつけられないほど疲弊しておったのを徹底的に改革し、特に財政を豊かにして生産をあげ、風俗を正しましたので、旅人が一たび板倉藩にはいるとすぐ分かったというくらい治績をあげました。したがって、この理財論は単なる政治家や経済学者の論と違って、その人の実力が証した名論であり、権威のある議論であります。

理財について非常に緻密に調査をしておることは、板倉藩の歴史始まって以来今日が最高であって、口をひらくと金、金と言っておるのだから、少しは暮らしが楽になったかと思うと、相変わらず貧乏で疲弊のどん底にある。農民が納める税金、海や山からとれる産物、あるいは通行税・取引税などは必ずとれるだけとりたてている。

また支出の面では、徳川幕府から賦課される費用、外交祭礼の費用、その他乗り物、建築費等はできるだけ節約して数十年になるが、藩の貧乏はますますひどくなり、借金は増えるばかりで、米倉も空となり、救済することができない状態となってしまった。これは理財の運用にあたる人間の知能の不足が原因であるのか、それとも技術が未熟であるためか、あるいはどこかに手ぬかりや欠陥があるためだろうか。

いやそうではない。

天下の事件や問題を処理する者は、事件や問題の外に立って、事件の内にちぢこまらぬことが大切である――夫れ善く天下の事を制する者は、事の外に立って、事の内に屈せず――。

これが理財論の全編を通じて、方谷が言わんと欲する根本的見識であります。

ところが今の財政家は、皆財につかまって小さくなっている。これは平和が長く続いて敵国に対する心配がなくなったからで、そのために、殿さまも家臣も、皆太平に馴れてぜいたくになり、出費が増え、常に金のことばかりを考えて、人心は日に日にこうかつとなり、風俗はいよいよ薄くなるばかりで、もとのように敦《あつ》くすることが不可能となった。その上、役人は汚職をやり、人民は疲弊困憊《こんぱい》の極に達しておる。したがって文教はすたれ、武備はゆるんでしまって、これを興すこともむつかしくなった。そこでこの原因をたずねると、必ず「金がないから、何もできないのである」と答える。

思うに人心と風俗の問題、役人と庶民の生活問題、また文教と軍備の問題は国を治める上に最も大切な根本問題である。しかるにその大切な問題を忘れているから、規律は乱れて命令がとどこおるのが当然である。このような状態でどうして経済が発展するだろうか。にもかかわらず枝葉末節の問題である金を増やすとか減らすとか等をやっておるのは、財の中に屈している証拠ではなかろうか。経済問題が非常にやかましく論じられ、調査されているのに、救い難いほどの貧乏をしている現実を不思議と思わないのか。

ここに一人の武士があって言語に絶する貧乏をして、家財道具をすっかり売りつくし、米櫃《びつ》は空で、中には塵《ちり》がたまっているというような生活を続けながらも、この苦しい生活を切りぬけようと、目標を高くかかげ、信念をもって貧乏に耐えたところ、何時しか貧乏の境遇から離脱して豊かになったという——こういう武士は、財にとらえられず、これを超越した人間であると申してよろしい。

思うに庶民の必要とする金はほんの僅かにすぎない。その僅かの金を手にいれんと、年中あくせくして疲労困憊の末に死ぬ者もあるが、これは金にとらえられた人間である。広い国土と財産をもった堂々たる大国がこの貧乏な武士にも及ばず、金にとらえられた庶民のように汲々としておることはじつになげかわしいことである。

中国古代の代表的な帝王である、堯・舜・禹三代の理想政治は問題外として、管子・商鞅の富国強兵の手段は功利主義であると孔子から非難をうけているけれども、斉の宰相として管子が実施した政治の根本理念は、礼儀を重んじ、恥を知ることを第一としており、また秦の宰相として商君が実施したのは、信義を重んじて信賞必罰をやることであった。

管子も商君も経済には拘泥せず、しかも立派な政治を行ったので、春秋戦国時代の名宰相といわれている。ところが後世になると、為政《いせい》者も庶民も金の奴隷となって、小さいそろばんをはじいて苦しみ、その上貧乏している。この事実を比較して考えると、その得失がきわめて明瞭である。そこで藩主も、藩主を補佐する役人たちも、深くこの事実を反省して、財の中に屈することなく、日常の簡単な経済問題は専門の役人にまかせて、時々大きくそろばんを合わすように点検すればよろしい。そして最も大切な問題である人間と仕事をいかにすべきかを考えて、まず人心を正し、華美な習慣を戒めて、風俗を取締り、賄賂を禁じて、役人の生活と姿勢を清くし、藩民を愛して物資を豊かに、古道を尚《たっと》んで、教学の興隆と武士の意気をたかめて、軍備を充実すると国家の大法はととのい、政府の発する命令は明確化されて、財政も自然によくなろう。

しかしこれを実践できる人は、よほど人間のできた偉い人であって、とうてい尋常の人では実行が不可能であろう。

▼善をなすが最良の道

ところがこれに対して次のような議論があります。

財の外に立つと財の内に屈するとは、すでに其の説を聞くを得たり。敢て問う、貧土弱国、上乏しく下困しむ。今綱紀を整え、政令を明かにせんと欲するも、而も饑寒死亡先ず已《ま》に之に迫る。其の患を免れんと欲すれば、則ち財に非ずんば可ならず。然るに尚其の外に立つて其の他を謀る。亦太だ迂ならずや。曰く、此れ古の君子の、努めて義利の分を明かにする所以なり。夫れ綱紀を整え政令を明かにするは義なり。饑寒死亡を免れんと欲するは利なり。君子は其の義を明らかにして、其の利を計らず。唯だ綱紀を整え、政令を明らかにするを知るのみ。饑寒死亡の免るると免れざるとは天

なり。夫れ蕞爾《さいじ》たる滕《とう》を以て、斉と楚とに介す。侵伐破滅の患日に迫る。しかも孟子之に教うるに彊《つと》めて善を為すを以てするのみ。侵伐破滅の患、饑寒死亡より甚だしきもの有り。しかも孟子教うる所は此の如きに過ぎず。則ち貧土弱国、其の自ら守る所以の者亦余法無し。しからば義利の分果して明らかにせざるべからざるなり。義利の分一たび明かにして、而して守る所のもの定まる。日月も明と為すに足らず。雷霆《らいてい》も威と為すに足らず。山嶽も重しと為すに足らず。河海も大と為すに足らず。天地を貫き、古今に度りて移易すべからず。又何の饑寒死亡かこれ患うるに足らん。しかるを区々《くく》財用をこれ言うに足らんや。然りと雖《いえど》も又利は義の和と言わずや。未だ綱紀整い政令明かにして、而も饑寒死亡を免れざる者有らざるなり。尚《なお》此の言を迂として、吾れ理財の道有り、饑寒死亡を免るべしと曰わば、則ち之を行うこと数十年、邦家の窮益々救うべからざるは何ぞや。

（同前）

問　「財の外に立つと財の内に屈する――ということはよく理解できましたが、生産力の乏しい、勢力の弱い国が、上に立つ者も臣下も貧乏して苦しんでおるときに、国のおきてを整え、命令をはっきりさせたいと思っても、寒さと空腹のため死を招きます。これから のがれようとすれば金がなければなりません。それにもかかわらず財の外に立って方法を考えるということは迂遠な方法ではないでしょうか」

答「これは昔の為政者が、どうすることが義、――人間として履《ふ》むべき正しい道であり、どうすることが単なる利欲の満足であるか、という義と利をはっきりと分けた理由である。綱紀を整え政令を明らかにすることには金はかからない。また古道を尚《たっと》び文教を振興することにも金は必要ではない。金がかかるなどという意見は世間の一般論であって、そのこと自体は金のかかるものではない。たしかに綱紀を整え政令を明らかにすることは義であり、饑寒死亡を免れようとするのは利であるが、為政者はその義を明らかにすることに努力して利を計ってはならない。また饑寒死亡を免れたり、これに遭うことは、これには天命ということもあって、人間の考えだけではどうにもならない問題である」

昔、滕《とう》という小国が、斉と楚という二つの大国の間に存在していた。一度戦乱がおこれば、滕はたちどころに大国の侵略をうけて滅亡するかも知れない。この危険な小国の滕に対して、孟子はつとめて善をなすように教えている。

侵伐破滅の苦しみは、饑寒死亡より大であるが、孟子はこのように善をなすことを教えている。滕のように小国で力が弱ければ弱いほど、善をなすことが最善の方法である。

国民の志気をさかんにして、政治を立派にすれば、自然に物質問題は解決するものである。何が義であり、何が利であるかが明確になると、各自の職分も決まる。これは天にかかる太陽や月よりも明瞭であり、雷よりもきびしく、山や海よりも重くて大きい。じつに天地を貫き、古今を通じて変わらない根本問題である。
この大事な問題をほったらかして、毎日金金とあくせくしながら、貧乏しておるのは、結局心がけが悪いからである。本当の利とは義の和、すなわち義をだんだん実践していくことによって成りたつ。これに活眼をひらけば財はいくらでも豊かになるものである。綱紀が整い、政令が明らかであるにもかかわらず、饑寒によって死亡したという例を聞かないのであるが、この言葉を迂遠と考えて、我れに他の理財の道があると言ってこれを行い、数十年になるのにかえってますます貧乏するのはなぜか。

山田方谷の理財に対する見識であります。彼はそのとおり貧乏板倉と言われて、どうにもならなかった板倉藩を数年にして立てなおし、風紀の整った、財政の豊かな藩として、明治九年七十三歳で亡くなりました。

この人を島津藩・前田藩のような大藩か、直接幕府の局面に立たせたならば、おそらくさらに偉大な治績をあげたことと思います。こういう立派な実際に権威のある理財家の結論が、財にとらえられてはいけない、財を超越してこれを駆使しなければならないということであります。

経済的にゆきづまり、どうもお手あげだというときに、額をあつめて会議や議論をやってもよい考えは浮かびません。こういう際には山田方谷のような達人、実際家の研究・勉強をしてみると、案外窮境を脱することが容易であるかも知れません。

やはりわれわれはこういう達人の信念と論説を学ぶことが現代に大変参考となることであります。

第4講――難局打開の鍵を探る

本日は布施維安の『治邦要訣』をご紹介しようと思いますが、その前に「人と識」について解明する必要があります。

本を読んだり人から聞いたりして、知識はいくらでも得られますが、見識はなかなか得られません。見識は自分で修養工夫しなければ得られない、本質的な生命に関する問題であります。

識という問題についても、儒教や仏教や先哲等によって論じますと、非常に深遠でありますが、ごく具体的、実践的に申しますと、常に人間は知識に走りすぎます。そこで知識を解明した大変面白い本がありますので紹介しましょう。

明に憑夢竜《ふうむりょう》という人がおりました。この人が『智嚢』という本を書いております。全部で二十八巻ありまして、この中に智を十種類に分け、それを実例について解説しておりま す。皆さんがちょっとお考えになってもわかるように、智にも正しい智もあれば、ずるい智——狡智、奸智などという智もあるわけであります。だからよほど注意しないといけません。この本はたいへん面白いので、わが国でも『日本智嚢』という本ができました。これは安政時代に中村某が書いたもので、確か六巻あったと思います。ときにはこういう本を読むのも参考になります。

そこでこの識について、本日は布施維安の書いた『治邦要訣』をとりあげました。布施維安という人は、本姓を蟹といって、安芸の人でありますが、尾張の布施氏を継ぎ養斎とも東溟とも号しました。尾張藩の儒臣でありましたが、後に辞任して大阪に出て、学を講じた人であります。ちょうど徳川の中期、将軍吉宗の時代であります。あまり世に知られませんが、広く教化を及ぼしました。したがってこの『治邦要訣』は尾張藩をはじめ諸方の子弟に大きな感化を与えました。

▼抜けがけの功名心は戒めよ

新なる事を巧に出して、上の利用になるように見せて、之を以て己が功を建て、立身の種にする者あり。凡《およ》そ天下の為にならぬことは上の禍なり。決して是等の人を用うべからず。

『治邦要訣』

これは考えようによっては、いささか弊害もありますが、大変辛辣《しんらつ》な言葉であります。正しい情操と深い知恵から、新しいことを考案するのはよいが、何か抜けがけの功名をやってうまくあててやろう、というようなよくない心、あるいは私心・私欲からやる新しがりやは厳に戒めなければなりません。特に政治は民衆を対象とするものですから、よほど常識的な落ち着いたものでなければいけません。こいつは目先が変わってちょっと珍しいというようなことを巧みにやって、自分の手柄や立身の種にする者がよくあるが、これは下の者のためにならぬ上の禍であります。こういう新しがりや、軽薄才子を珍しいとか、役にたつからといって使うとよくありません。

明治天皇が大変愛読された本に『宋名臣言行録』という本があって、このなかに宰相の典型ともいうべき李沆のことが書いてありますが、明治天皇はこの李沆のことを深く頭にいれておられたようであります。

李沆が部下の人材を抜擢登用するときには「浮薄新進・事を好むの徒――軽薄で新しがりや――を重く用いてはいけない。政治というものはどっしりと落ち着いた思慮の深い無欲な人物を用いなければならない」と言っております。

これは明治天皇が大臣などをごらんになる一つのお心構えになっておったようでありま す。だから大臣連中も天皇を尊敬すると共に、反面怖がっていたようです。明治天皇はめったに口に出されませんが、このように人物の品定めができるものですから、あのかなり横着な伊藤博文でさえ陛下とお話をして、ご質問をうけたり、お答え申し上げたりして、引きさがってくると、脇の下が冷汗でびっしょりだったと告白しております。なかなか学問もなさっておるし、識見も高いので、よほど怖かったようです。そういう意味で大ぜいの人を使う上司はやはり人間的にも権威がなければいけません。薄っぺらや小利口ではだめであります。

▼人は枝葉ではなく幹で決まる

人を用うるは其の短を棄て、長を用うべし。人に癖無き者は稀なり。大本の所だに違なくば、少しの癖は癖にならず。或《あるい》は一事仕損じたりとて遽《にわか》に其の人を捨つべからず。

大本の所が慥《たしか》なる人ならば、過を許して任用すべし。然らざれば人材を尽すこと能わず。

人を使う場合にはその短所ばかりをみていると使えない。ところがこれは難しい問題であります。なぜかと申しますと、人の長所・短所というものは別々のものではなくて、長所が短所であり、短所が長所であることが多い。長所と短所が渾然として一になっている。だから短所をどうして長所にするか、長所をいかに短所にしないか、ということが修養の一つの秘訣であります。「短を棄て、長を用うべし」というのは考えようによっては簡単であるけれども、実際問題としてはむつかしいことであります。そこで大事なことは枝葉末節ではなくて大本がどうであるかであります。大本がたしかでしっかりした人だったら、少しくらいの短所や癖があっても用いてよろしい。そうでないと人材を活かすということはできません。

人の徳を成すこと三あり。一には自然の好天質なり。二には良師友に仕入らるるなり。三には学問にて練上げるなり。然るに好天質は多く有りがたし。必ず師友学問の資に因らずんばあるべからず。

人間には生まれつきの好ましい素質が徳となっている者がある。またよい先生につき、よい友だちと交わって徳が磨かれる者もある。さらに学問によって磨きあげて徳をつくる者もある。しかし生まれつきその徳が完全であるなどという人はいないので、どうしても人間はよい師・よい友を得て仕込まれるか、学問をして練り上げないと徳はできません。

荻生徂徠の高弟で太宰春台という人がありますが、この人は師の徂徠よりもよくできたと言われるほどの学者であります。大層鋭い人で、特に批評が辛辣でありました。この人が伊藤仁斎を評して「仁斎という人は学問で練りつめたような人だ」と申しております。明治時代でありますと、明治天皇を輔弼《ほひつ》した副島種臣とか、元田永孚とか、いう人もやはり学問で練りつめたという感じのする人たちであります。昨今の学校の先生をみますと、人間と学問とが別々の人が多いようです。したがって人間が軽く、学問もきわめて概念的抽象的で実がありません。やはり本当の学問というものは西洋でも申しますが、embodyとかincarnateと申しまして、これをしないと本物でないということは古今東西変わらないことです。ドイツ人はよくLese-meister（本読み）はいくらでもおるが、Lebe-meister（生命の師）はおらないと申します。つまり本読みの師はいくらでもおるが、身体で範となる師というものはきわめて少ないということであります。

▼恩きせは歪みを助長する

士民の為に事を行うは固《もと》より人君の為《な》すべき道なれば、其の命令の辞に恩にきせる申わたしあるべからず。恩にきせて為す時は、下にすねる心を生じて悦《よろこ》ばず。善政にても其の事行届かず。況《いわ》んや上の為になすことを民の為と言いなすは俗吏姦計《かんけい》の曲事なり。

士民のために事を行うのがもとより人君たるものの道であるから、その部下の士に命令する言葉は、恩にきせるところがあってはいけないということです。なるほどよくやることですね、上に立つ者は……。手段策略で下に恩きせがましくやりますと、必ず下にすねる心が生じ、善政であっても行きとどきません。ましてつまらぬ役人が民のためにといってずるいことを考えるのは許されない悪事であります。

昨今の世の中をみておりましても、じつにすねることが多く、何でも逆にとったり、茶々をいれたりするむつかしい世相になりました。そうしていたずらに屁理屈をつけ、自分に都合のいいようにして反抗する。これは政治家にも罪があります。「自分は有権者のためにこういうことをする、またああいうこともする」等といって恩にきせて投票させる。そうすると有権者はやはりひがみます。あるいはわがままになって、真っすぐでなくなります。選挙というう大きな問題をどういうふうにしてよくするか、と申しますと大変なことで、とても選挙法の改正ぐらいではどうにもなりません。やはり根本的に政治というものを正して、政治教育といいますか、国民道徳というようなものを立派にするより他に方法がありません。

ここに「俗吏姦計の曲事」という言葉がありますが、どうも今日の民主主義、選挙政治というものもこの姦計になってしまって、まさしく曲事であります。

率直に言って姦計というのは、きわめて辛辣な言葉であります。姦の字、女を三つ合わせた字は多くの女を巧みに操縦するという意味があります。先の智で申しますと狡智に属します。

これを逆に女から申しますと「奸」、これは要求するという意味であって、何かほしいものがあると、男にうまいことを言って望みを達するのが奸の字である。文字の面白い一例でありますが、これが姦計あるいは奸計として選挙に使われるようではもうおしまいであります。

したがって今日の選挙制度をどうするか、ということでいろいろな研究会や委員会があり、議論も行われておりますが、今日になっては非常に処理しにくいやっかいな問題であります。しかしこれを何とかしませんと、次第に反体制、暴動のような勢を助長することになりましょう。政治というのはむつかしいものです。

▼人心風俗の乱れは危険な兆候

人間はなぐさみごとの無くては叶わず。故に歌舞あり。孝経に風を移し俗を易《か》うるは楽《がく》より善きはなしとは、正しき事を楽《がく》に作りたるは、人の情其の調に移りて、心にしみ入るなり。淫乱遊蕩の行を絃歌にのせて舞かなでば、風俗の乱れ壊《こわ》さでやまるべき。痛大息《つうたいそく》すべき事なり。

人間には何か娯楽というものがなければならない。そこで歌だの舞だのが行われます。これは日本も中国もそして西洋も同じでありります。風俗というものを一番端的にあらわすのは歌とか踊りであります。今日で言うと、民謡踊りとか歌謡曲の類でありましょう。歌舞は一番その時代の人心風俗をあらわすもので、これが堕落しますと民衆が堕落して、国政の頽廃をあらわします。またこれが健全であり、健康的であると、必ず民族の興るときでありります。歌舞が頽廃的になり、エロティック・デカダンになってくると、必ずその国民もあぶなくなってくる。ちょうど病気で申しますと、兆候であります。このごろ外国から日本にくる人々の感想、つまり日本評を注意しておりますと、しばしばこれに触れております。

フランスの特色ある新聞「ルモンド」の特派員で、極東総局長のロベール・ギランという人がこの間東京で講演をしました。この人は有名な中国通でありまして、『六億の蟻』という書物を書き、続いて『第三の大国日本』という本を出版してよく売れております。

彼は歌謡曲ばかりでなく、昨今の公害・風俗・思想の動向等を見ておると、どうも日本は太平洋の島国ではあるが、この島から日本というものがなくなるのではないかという気がする。島は残るが、島の上の歴史的日本・文化的日本はなくなってしまうのではないか。これにくらべるとわがフランスなどは、民族の歴史・芸術・風俗・習慣というものをどのようにして保存しようかと苦心している。田舎を旅行してみても、旧い家をつぶすとか、塔一つ、木一本をどうする等ということを大きな問題としているが、日本へ来て、情け容赦なく家でも、木でも、石でもこわしていく光景を見ていると、ある意味においてはきわめて積極的進歩的であるが、これは結局日本が日本でなくなることではないか。大変残念な、そして私たち外国人には理解のできない問題であると申しております。

こういうことを言う人は西洋の識者の中にはずいぶん多くなりました。

長大息すべき大問題でありますが、意外に日本人は無頓着であります。布施維安の時代と現代はよく似ておりますが、やはり現代のほうがはるかに深刻で危険であります。

▼〝隠徳〟を積む

『治邦要訣』はまだ続くのでありますが、今回は以上の五つにしておきます。この布施維安から少し後れて文化・文政・天保時代に但馬から出た人に平尾厚康という人があります。厚康というより源太夫といったほうがよく通り、藩侯の出石侯の嘱をうけて、領内の荒村を救済振興して治績をあげました。

いわば出石・但馬における二宮尊徳でありますが、晩年は禅に参じて名を玄通と改めた、まことに風格の高い実際家であり、哲人的な人であります。尊徳先生は有名になりましたが、この人はほとんど知られてはおりません。しかし識者は非常に畏敬し崇拝した人であります。この人によい家訓が残されておりますのでとりあげたいと思います。

文化・文政というと、現代のようにデカダン文学・デカダン風俗の流行した、線の細い、淫蕩で、精神的なものが欠乏した時代であります。元来元禄時代と申しますと、安土桃山時代、すなわち戦国のあとをうけて、気概に富んだ、線の太い、男性的な時代であります。したがって享楽にしても、はなはだ男らしい、たくましいところがあります。そこで現代を昭和元禄というのは間違いであって、本当は文化・文政すなわち昭和化政と申すべきですが、これでは通用しません。赤穂浪士のおかげで元禄が国民周知の言葉であるため、昭和元禄となったのであります。

彼は開拓をやり経済の振興を図り、そして藩政の改革をするにあたって、まず藩士・藩民の家を充実させることに根本をおいております。領内の士民の家というものが駄目になったら藩というものも駄目になる。これは国家も同様であります。国民が家庭を失えば駄目になります。そこで彼は改革政治の根本に士民の家をいかにして充実するか、家庭生活をどうするかということをじつに親切に徹底して指導しました。

常に心懸けて隠徳を積むべし。隠徳とは善事をなして、其善を人の知らんことを求めざるをいう。貧窮を救い、餓寒を憐み、老人を助け、病人をいたわり、生きるものを殺さず、万《よろず》慈悲を心の根とすれば、自然に天道の冥加《みようが》にかないて、家長久なるべし。

平尾厚康の訓

常に心がけて隠徳を積むがよろしい。隠の字は陰でもよく、自分のなす善いおこないを他人に知らせる、あるいは知ってもらうということを求めないことを言いまして、大変良い着眼であります。何か善い事をするとすぐ表彰しますから、表彰してもらおうと、売名のために善いことをする者が出るかも知れません。これは真実でないから、害があります。その意味において隠徳というものは最も正しく、最も大事なことであります。人間は為にするところがあってはいけません。人が為すと書いて「偽」という字がうまれ、その意味はうそであります。人間はとかく真実を離れてうそをやりますが、それはよろしくない。やはり真実が何よりも大事であります。したがって隠徳を行うと、正直なもので、何ともいえない心の満足を感ずるものです。

▼足るを知り、奢らざれば禍なし

足ることを知れば、家は貧しといえども、心は福者なり。足ることを知らざれば、家は富めりといえども、心は貧者なり。此処《ここ》をよく弁《わきま》え、かりにも奢らず、物好みをすべからず。諺に好《す》きが身を亡ぼすといえる心得《う》べし。

たるという字を手ると書かずに、足ると書くことに注意しなければなりません。足は人体の中で一番中心から離れ、重い上体を支えてこれを遠くまで運びます。その上大地や床等に接するため不潔になりやすく、注意を怠ると腫物ができたり、傷をしたりして、不自由を感じる場合があります。手の傷ですとそんなにも不自由を感じないのに、足の傷は大変です。乗り物が発達したため昨今は昔のように歩かなくなったので、足が弱くなり、これが原因でいろいろな病気にかかって苦しむ人が多くなりました。これなどは足が十分でない、すなわち「不足」が原因と申せましょう。そこで常に足を清潔にして、鍛錬しておりますと、身体は健康で、その日常生活はきわめて「満足」となりましょう。

だから足るという意味がよくわかりますと、貧乏も苦にならず、心は金持でしょう。足るということがわかりませんと、いくら金があっても心は貧乏であります。このところをよく承知して、おごってはなりません。また好きだからといって、いろいろな遊びにこってはいけません。好きが身を亡ぼすという諺をよく心得ておくとよろしい。——とまことに平々凡々ではあるが、滋味津々であります。

家を治むるは堪忍《かんにん》を第一とす。奢《しゃ》をこらえ、欲を抑えて恣《ほしいまま》にせざるも、皆是れ堪忍なり。万《よろず》の事、心に叶わざることありとも、此の堪忍を用いて、怒りののしらざれば、家の内和らぎ親しむべし。

家をおさめるには堪忍が第一である。質素を旨とし、欲望をおさえて自制するのも堪忍の一つである。不満があっても、堪忍の二字を戒めとして、怒りののしらなかったならば、一家はじつになごやかで楽しい。

人間の心理作用と呼吸や発汗の関係を研究した面白いアメリカの研究発表があります。これによると零下二百二十度ぐらいまで冷却できる装置に人間の息をいれると、その息が液化します。そうしてできた液に色がつき、面白いことに、感情の変化によって色が変化するということであります。大体感情が平静なときは無色に近く、恐怖にかられているときは青くなる。また怒ったときの色は褐色となる。興奮して人を殺したというような残忍な殺人犯の息をとって調べると、それは毒々しい栗色であって、これをモルモットになめさせると頓死したそうです。だからつまらぬことに腹をたて、人を憎むとか呪うとかいうようなことで怒るのは、いかに自分にも有毒であるかということが理解できましょう。

学者が感心している言葉ですが、日本では女房がやきもちをやくと言いますが、これはまことに科学的で、この事実が証明しております。嫉妬すると呼吸の色は焦げ色ですから、文字どおり焼くでありまして、生理的にもよくないことであります。「あいつの毒気にあてられた」と申しますが、これも本当です。性の悪いヤツはやはり毒気を実際に吐いておるわけです。だからこれと反対になごやかに楽しくしていると、きわめて健康的だということになる。和気は道徳訓ではなくて科学的事実であります。

無理に利を貪《むさぼ》れば却つて財を失い、禍来るの本なり。家業怠らず、奢《おご》らざれば、自然に家は全し。

前に幕末の哲人経世家・山田方谷を講じたときに申しました義が利の本であるという精神であります。家業を怠らず、そしてみえをはったり贅沢《ぜいたく》をしなければ、自然に家は豊かになる、ということであります。

▼悪口は公害に通じる私害

人の悪しき事を告げ知らすものありとも、猥《みだ》りに取上げ用うべからず。聞かざるが如くするもよし。是れ家族の多く暮すものの心得べきことなり。

まことに善い教訓であります。とかく人間は他人の悪いことを聞いて喜ぶという悪癖があるものですが、これは善くない。公害に通ずる私害です。

富める家に貧なる親類の親しく出入するは、主人の愛厚き人なれば、其の誉《ほまれ》と心得べ

し。

これも非常に善い教訓であります。どうも少し金ができたり、地位ができると、貧しい親戚や友だちなどが出入りすることをいやがり、道であってもそっぽを向く、などという人間が案外に多いものです。これを戒めたじつに人情の機微に触れたよい文章であります。

▼独断は道を誤る

何事も思慮ある人と相談して取料《とりはか》らうべし。我身の事は身勝手のある故、心得違いあり。岡目八目ということよく心得べし。

どのようなことでも思慮深い人と相談して実行するがよろしい。どうも独断でやると、自分の身勝手が加わるため、誤ることがある。事の外に立って事をながめるとよくわかる。いわゆる岡目八目ということを考えなければなりません。

▼財を残すより善事に使え

金銀多く子孫に残し与えんより、財をすて、広く善事を行い、陰徳を積置くべし。其

徳善、子孫にめぐりて子孫の幸となる。

天保八年夏四月　玄通居士六十九歳

西郷隆盛の「子孫の為に美田を買わず」に通ずる考えであります。金銀を多く子孫に残すより、広く善事を行い、陰徳を積むと、その徳がめぐって子孫の幸福となる。玄通居士、すなわち平尾厚康、六十九歳の作であります。

このように藩士・藩民の家というもの、家庭生活というものをいかに立派にするかを根本にして、藩政の改革、つまり財政のいきづまりをじつによく救済しました。財政・経済を財政・経済とは別の問題として、多面的に根本的に取り扱い、救済をやっておりますが、これは単なる事務家でなく、本当の意味の具眼者・見識者であります。

関ヶ原の合戦に敗れた上杉藩が会津の百万石から米沢三十万石に減らされたのですから、大変なことですが、そのときに直江兼続という英傑がおりまして、身を挺して藩の改革・大救済をやっております。兼続がやりましたことの一例。まず係に命じて増産計画を立てさせました。そして係の提出した計画に書きこみをして、「自今田圃に娘達を出し、白手拭であねさんかぶりをさせて、赤い蹴出しを用いること」。また「亭主が夕方野良より帰った時は、女房たちは走り出て、その亭主の泥足を洗ってやれ」という箇条書を入れ、これによって非常な増産の実績をあげました。村の娘たちが白手拭のあねさんかぶりに赤い腰巻を出して田圃へはいりますと、青年は皆田圃へいきましょう。また一日苦労して亭主が泥足で帰ったときに、女房がとび出して「お前さんご苦労だったね」と言って足を洗ってくれたら、亭主はごきげんでしょう。「それ増産だ、何パーセント増収しろ」などと言うよりも、このほうがどれほど効果があるかわかりません。こういうところに事務と政務の相違があり、人間はちょっとした心がけによって非常に違ってくるものです。

そういうことはやはり達人に学ばなければなりません。ともすれば人間がコンピューターに負けそうな世の中ですが、このようなときほどこのような学問をしなければなりません。

第5講――『心の儘』――金子得處

お互いしばらく相見ませぬ期間はほんの僅かでありますが、時局は非常に大きな、そして深刻な変化をしてまいりまして、人によっては「一体どうしてこうも急に変わったんだろう」という感想をのべる向きも少なくないのでありますが、しかし物質界の現象でも決して突然おこるものはないので、その原因をさぐればさぐるほど、深くかつ久しいものがあります。

このごろ騒いでおります公害問題でも決して急におこったことではありません。騒ぎは今年の春から急に大きくなりましたが、これはシンギュラー・ポイントに達したというだけのことで、少なくとも十年さかのぼりますと、各界の専門家がちゃんと警告してきたことであります。文献を調べてみると、こういう人が、こんなに早く、こんな警告をしておるが、どうしてもっと気にとめなかったのか、と感を深くすることが多いのであります。

ところがニクソン大統領が声を大にして公害対策を政府機関に号令してから、急にこれが日本をも刺激し、公害シンギュラー・ポイントに達したわけではありません。そうなりますと、これは非常にやっかいで、処置がむつかしいばかりでなく、今度は思わぬ弊害が出まして、たちの悪い人間になると公害を利用して騒ぎたて、自分の仕事にするという者も出て、ますます始末が悪くなり、思い切った改革をしなければ、尋常一様の手段では防げなくなりました。このような事態になりますと、これを処理するにはいろいろの苦痛や犠牲を払わなければならぬということになるわけでありまして、しかも手おくれになればなるほど、問題がこじれて、騒ぎが大きくなり、悪循環になります。こうならぬうちにうまく処理していくのが学問・研究・政治の最も微妙な問題であります。そしてこの問題は物質界ばかりでなく、生命の世界、特にその最も発達した人間界のことでありますから、問題は複雑でかつ困難であります。

そこで私は佐藤一斎の「期せざる所に赴いて、天一定す。无妄《むもう》に動く、物皆然り」の語を思うのです。人間を含めた自然界のことは、あらかじめ予想しないところへおもむいて、そして決着点へぴたりと定止する。そして无妄（易の六十四卦のうちの天雷无妄の卦で、例えば急に雷鳴って落ちるというような災害、不慮の事件を表現する）に動く。万事万物皆そうであります。

ナポレオンが政治というものを語って、「政治というものは政府があらかじめ政策を定めて、その政策すなわち予定計画に基づいて、一つひとつ実現していくというようなものでなく、現実の政治というものは、常に予想もしなかった事件や出来事が生じて、当局者はあわててその対策に苦労せねばならぬ。これが現実の政治だ」と申しております。

これは政治ばかりではありません。皆さんが従事しておられる事業にしても、思わぬ事故に遭遇して、こりゃ大変だとあわてることがきわめて多いものです。いわんや舞台の広い天下の事となると、ますます複雑で、危険であります。二十世紀の文明とか、輝かしい二十一世紀と言っておる間に、无妄に動き出し、時局はとんでもないところに赴いて、どうなるのかわからない。今日になっては、よほど思い切った方策を講じないと、つまり改革・革新をやらないと、二十世紀末は混乱に陥る、ということを意識するようになってきたわけであります。

大きな一例を申しますと、この間から大騒ぎをしております中共承認問題と、台湾問題であります。ここに毛沢東と蔣介石という二人の政治家があるのですが、どちらもすでに老齢であって、これが万一の場合に及ぼす影響ははかり知れないものがあると思います。日本でも今度は佐藤総理の四選で一応は落ち着くでしょうが、佐藤さんが退かれたあとは、と考えると、政界は動揺変化を禁じ得ないと思います。

政界ばかりでなく、経済界またしかりであります。わが日本が豊富な資源をもち、その上健全な富の蓄積があり、また合理的・道義的な経済が行われて余裕がある、というのであれば心配はありませんが、元来資源に乏しく、蓄積もない。無理な経営、あるいは過当競争もやらなければならん。国際貿易が発展することはまことに結構ですが、資源国から輸入をする、それが弱味になってその面からしぼられ、今度は製品にして輸出する、それも競争となるほど、売り先からたたかれるということで、ますますやりにくくなる。その辺のことを考えて、経営の合理化・賃銀等を、理性的・道義的にやっていくとよいのでありますが、依然として太平ムードで、インフレも進行しております。経済のわからぬ一般人でも常識で考えて、「日本はどうなるのか、これでよいのか」と心配するようになりました。そこで当局者はもちろん、日本人のすべてが自覚して、自ら緊縮しなければ、そのうちに大変なことになる、と経済の面においても改革・革新の必要にせまられておりまして、かつて例のないほどのことであります。

ところが、問題がこのようになってきますと、急に改革・革新の実をあげていくということは大変むつかしいことで、結局これに当たる人物が必要であります。こういうことを考えて本日は、ごく専門家の間に非常に尊重されている一文献をご紹介して、勉強していただこうと思います。

作者は幕末、山形・上の山藩士であった金子得處であります。この藩は三万石の小藩でありますが、ここに長岡の河井継之助と併称された人材、金子与三郎が出たのであります。薩摩屋敷の騒動の際に流弾にあたって斃《たお》れましたのは痛惜にたえない大きな犠牲であります。その見識・教養・才幹をもって、もし大藩に出たならば、英名を天下にはせたに相違ありません。この文章は彼が三十三歳、江戸出役中の作であって、安政二年であります。そして現代の政治にも切実な反省を促す大見識であります。

▼財は徳から生まれる

予弱冠の時、四とせがほど、仙台《せんだい》の儒臣大槻翁の門に遊べり。ある日うちつどい輪講なんなし侍るとき、大学の「徳は本なり。財は末なり」の章に至り、予、翁に問いけるは、国窮乏し、すでに浮沈にも及びぬらんとする時、いかほどいみじき才徳の人を得たりとも、財なからんには、仁も徳も施してんや。かくある時は、財は本にして、徳は末ならんかと。翁笑うていえらく、国・天下を治むるに、一日片時も財なきこと

あたわず。子《し》は其財をいかにして生ずるとおもえるや。徳をもて生ずるにあらざるよりは、皆さかりている（逆入）の財なるべし。徳といえば財は其うちにありとこたえられしも、今を去ることはや十有五年のむかしなり。

金子得處『心の儘』

大槻磐水は学徳ともにすぐれた傑物で、蘭学に志し、杉田玄白門下の逸材であります。この人はつきあえばつきあうほど、だれもが敬慕の念を深くせしめられた人で、論語に「子曰、晏平仲、善与人交。久而人敬之」――子曰く、晏平仲善く人と交わる。久しうして而て人これを敬せり――斉の名宰相・晏氏を孔子が評して言った言葉ですが、この久敬という語はきわめて味わいの深い言葉であります。人間はそれぞれいろいろな弱点や欠点をもっておりますため、離れておるとわかりませんが、久しくつきあっておると、アラが見えてとかく気まずくなるものです。

つきあえばつきあうほど、年を経れば経るほど、敬意・敬慕の念を抱かしめられるというのは、それこそ本当の人物というものであります。人間は互いに敬意をもちあった中でなければ本当のことはできません。大槻磐水先生はそういう意味で非常に偉く、またできた人物であることは、いろいろな文献を見ますと間違いありません。名高い大槻磐溪はこの人の息子であります。親子とも偉い人でありました。

その大槻翁の門に遊学して、ある日楽しく輪講（ゼミナール）をやっていました。そのとき大学の章句の中の名高い一節である「徳は本なり。財は末なり」の章にいたり、私は大槻先生に、「国が窮乏して、もはや浮沈の瀬戸ぎわになろうというときに、どんなすぐれた才や徳のある人がおっても、肝腎の財がなければ、才だの徳だのと言ったってどうにもならぬのではありませんか。それを考えると財が本で徳が末だと言えないでしょうか」と質問しました。

これは最も常識的な質問であります。そして世の中の大部分の人は徳だの才だのといっても、金がないとどうにもならぬと考えておるでしょう。

翁は笑いながら「一日片時も金がないとどうにもならぬが、君はその金がどうしてできると思うか。徳がもとで生まれた、真理にかなってできた金でなくては、本当の金とは言えない。本当の金は徳の中からできるのだよ」とおっしゃったのは、自分が仙台に遊学していた十五年前の話である。――

この問題は深く追求するまでもなく、少し常識的に考えてもわかることですが、今日の世相をみましても、金がなければ何もできない。と言って幾ら銀行をたずねまわって、借金しようとしても、金というものができるものではありません。やはりその人の人物、すなわち徳がものを言います。「あの人になら貸してやろうか」とか、あるいは、その人を愛する人や、信ずる人が中に立ってくれて、銀行の責任者から「あなたがそれほど信用しておられる人なら、何とかしましょう」というふうになるので、つまりは徳の問題です。国家も同様であって、世界的に信用をうけ、尊敬されていると、財は幾らでも運用できます。日露戦争のときなどは、日本がもっていた国際的な輿望が、イギリスからもアメリカからも援助となって、日本の運命を決定的に強くしました。

この「財」の字は大変面白い字で、貝偏に才を書きます。貝は昔、貨幣であったことは申すまでもありません。その貝が現在金にかわっておるわけですが、また旁（つくり）の才の字は働きをあらわす文字、つまり貝が通貨としての働きを示す文字で、能力という字にも使いますし、あるいはわずかにと読んで、僅少を示す意味もあります。そこでこの財というものは非常に大切なもの、有効なものに相違ありませんが、人間に決定的な力を与えるものではなく、手段方便的なものにすぎません。これは文字学から見た大変面白い一例であって、やはり財は末であります。

▼創造性が失われれば傾く

このことばに因り、又古人のおしえにもとずき、こゝろみに論ぜん。

そも国の極めて窮乏し侍るは、太平の化に浴し、身に自由足り、上と下との間は秦楚

の遠きを隔て、位にあるものは、おのおのその位を固むるにのみ心をよせ、古例旧格の外に遊ぶことをしらざるよりしていで来にけん。其古例旧格と唱うるものも、多くは先僚の仕来り仕くせなるを知り侍《はべ》らず。政事というものは日記計簿をくりかえし、瑣末の事をなるのならぬとをしひき、政教一致などいうことは夢にも知らざるゆえ、下より訴うることか、又なにか所作のなければ、あつささむさのあいさつまでに退出するのみ。かくして年を経るにしたがい、かたちのみになりゆき、直言をもて粗暴と呼び、諂諛《てんゆ》をもて礼容となし、鈍才にして俊才を危うみ、席上のとりまわしなどよろしき人のみ、世にときめきては、ただ国の傾くをまつのみ。（同前）

原文に返って読んでいきます。

一体国が貧乏でどうにもならぬというのは何が原因でしょうか。世の中がよく治まり、別に上にすがる必要がなく、自分でことが足ると、いい気になって、上下の隔たりというものは、北の秦の国と、南の楚の国とのように一向に連絡・親密がなくなり、上は上、下は下、お互いに自分のことだけを考えて意志の疎通に欠けるようになります。また位にある者は、各自その位のことだけを固く守って、昔からの古い規則やしきたりから、一歩ぬき出て、自由に勉強するということをやりません。

したがって、創造的なことは何もしませんから、次第に国が貧しくなるのではないでしょうか。古いしきたりや規則といっても、これは先輩がやってきた因襲・習慣、あるいは癖が固定したものであって、何も絶対的な真理法則でないということがわかりません。

そこで日記や帳簿の記録を毎日機械的にくりかえし、枝葉末節のことを善いとか悪いとか議論して、下の者からの訴えごとや事件がないと、ただ時候の挨拶ぐらいだけで退出するという生活のくりかえしになってしまいます。そうなりますと、勇敢に正論を述べる者があると、あいつは粗暴な人間だと嫌い、またおべっかを言ってこびへつらう者があると、礼儀をわきまえた人間だなどと喜んだりして、自分は鈍才であるのに、頭のよい人を危険に思い、宴席などをうまくとりまわすような人間が出世する。そうなると自然に国は危なくなるのであります。

▼〝胸中有物〟の危険

古より国家再興の基本を建つるに、其人を撰ばざるなし。その人を得たらんには、おもいの外にたやすきこともあり侍《はべ》らん。只その国の老人たらん人々の、われならではとおもうこころの、胸中にすこしくもたくわえたらんには、おのがものずきの心にかないたらん人のみを、ひたもの尋ね求むるゆえ、其人はあるも、すくなかるべし。ま

たこの心もて人にいわしめ、おのがこころにかなうことのみを採り用うるとならば、いわしめずして、手かずすくなきのまされるにはしかじ。これを古人は胸中有物といえり。

昔から、国家再興の基本をたてるときには、必ず人材を選んだものです。人材を得ますと、難しい問題でも思いのほかにたやすく解決することもあります。ただその国の長老たちが、「おれでなければできない」と思う心が少しでも胸中にあって、自分に気にいる者だけを集めようとすると、人材があっても目にうつらないでしょう。またその気持をもって人に議論をさせた上、自分に気にいることだけを採用するのであれば、わざわざ会議にかけるというような、よけいな手数を少なくしたほうがよろしい。これを古人は胸中有物と言っております。

この頃の政治をみておりますと、かたちだけの議会政治となって、ろくな議論もしないことが多く、議会制度の弱点を暴露しております。胸中有物とは偽政であります。

▼智恵、救いは思わぬところから授けられる

天地の間、から国はから国を養うの食料あり。日の本は日の本を養うだけの食料あり。

国家を治むるも同じことわりなり。天下を治むるは天下を治め、一国一城を治むるの人かならずあるものなり。古のみ人材ありて、今世にはなからんや。古は古を治むる人材あり。今は今を治むるだけの人材あり。たゞわがもの数奇《ずき》のこゝろにかないたらん人を求めずして、今をむかしにひきのぼせ、わが身を其の地にすえおきてみよ。人材なしとて亡ぶる天下を、人材ありとてとり侍《はべ》るぞかし。今の天地も古の天地なり。まして、わが日の本はちはやぶる神の御末の、うからやからにしあれば、かりそめにも人なしと世をしうるほどならば、天地の冥罰いちじるしくぞ侍《はべ》れ。わがふところをむなしうし、人材を求め得て再興をはかりたらんには、三とせ五とせにして、なかば成就し侍らん。

中国には中国の食料があり、日本には日本の食料があります。国家を治めるのも同様で、天下を治める人、一国一城を治める人が必ずあります。どんなところにも人物はおるもので、昔も今もかわりありません。ただ用いるか、用いないかの問題であります。自分の気にいる人間だけをさがすことをやめ、昔、名君賢相が立派にやったその立場にわが身をおいてみると、人材がないため亡びるかもしれぬと心配した天下でも、人材の発見と抜擢登用によって立派に治めることができましょう。

現代も昔も天地には変わりありません。ましてこの日本は神の子孫の国であります。かりそめにも人物がないというのは真実を偽るものであるから、神仏の罰がきびしいでしょう。自分が本当に公平になって人材の発見につとめ、これを登用すれば、三年か五年のうちに半ばは成功するでしょう。

これは大見識だと思います。人材というものはえてしてして思いがけないところにおるものであります。私たちの病気のようなものもそうであって、健康を害して、薬を飲んでも、どんな医者にかかっても、一向によくならず、困っているときに、思わぬ良薬、思わぬ名医にあって功を奏することがあります。

これは病気ばかりではありません。事業でもそうであります。経営の相談に、取引銀行の重役をはじめその道のエキスパートのところを回っても、どうにもならないときに、意外な相談相手や、役に立つ人から智恵を授けられたり、救いを得ることがよくあるものですが、そのようなことは結局その人間の平素の心がけ、人とのつき合いといったことが功を奏するのであります。あるいは徳とか、因縁という言葉で表現すべきでありましょう。これが人生の面白いところであって、また大変複雑なものであります。

▼人材選びは材木選びに通じる

されば くずるゝ家居を造り直すにたとえん。造り直すには先ずその家ことごとくとりくずし、地盤をかたむるにあり。地盤堅固ならば、少しあしき材木もみな用うるに足れり。ただすがたこそよけれ、髄に虫喰《は》み、くち（朽）のいりたるは、あたらしきにかえ、これはかしこの柱にもちい、かれはこゝのたるきに用いんとえらみいだし、さて柱になすべき木をむなぎに用い、縁板なるべきを、床板になしたらんには、労して其功なかるべし。たとえすがたこそねじれてあれ、素姓さえよき木にあれば、床のおとしがけなどに用いんには、また一しおのながめもあるべし。されば古より人心不レ同如二其面一といい伝うる如く、板かまち、しき居、鴨居と、ひとしからざる木のくさぐさをかき集め、くまなく見くばる心のかね合い、いともむつかしくぞ侍る。人材は材木なり。金穀は屋根壁にひとしく、仁道は地盤なり。仁道にあらざれば基本を立つること能わず。わがあずかるだけの人民土地を金庫宝蔵《ほうぞう》とさだめ、財散じて民あつまるの仁道を施すべし。仁道とて外に奇《く》しきの道あるにあらず。老を養い、幼を慈み、鰥《かん》寡孤独《かこどく》を憐み、窮乏を富ますの道なり。

そこで古くなった家のつくりなおしを考えてみましょう。家をつくりなおすには、古くなった家をすっかり取り払って、その上に地盤つまり基礎づくりをしなければなりません。地盤がしっかりしておれば、少しぐらいの材木のよしあしは問題ではない。見かけがよくても、髄に虫くいがあり、腐っておるのは新しい材木ととりかえるがよろしい。こんな木を苦労して、ここの柱に使おうとか、たる木にしようとか、あるいは縁板を床板にしても、髄に虫入りがあれば材木としての価値はありません。それよりたとえすがたが悪くても、素姓さえよければ床の間の横木に使うのも面白いでしょう。

昔から「人の心はその顔のように万人が万人ともちがっておる」と言われるとおり、かまち、敷居、鴨居などを多くの材木の中から選び出すことは大変むつかしい。人材とはこの材木にひとしく、金穀は屋根や壁にひとしく、仁道は地盤であります。自分が一国の主、あるいは一城の主としてあずかっている人民と土地を財宝収庫として、財を散じて民が集まる仁道を施すがよろしい。仁道とは決して珍しい特別の道と方法があるのではありません。年よりを敬い、幼い者たちをかわいがり、独り者老人等をあわれむと、自然に財政が豊かになります。これが仁道であります。

医は仁術なりという言葉を誤解しているむきがあり、特に医者にその傾向が多いようです。仁というのは人の生命・人物を育てあげる働きを言います。そこで医は仁術なりということは、医者は病人を病気から救って、健康にしてやる術を施す人である、ということであります。診療代をとるとか、とらぬとかの問題ではありません。いくら無料で診察・投薬をしても、患者を殺しては何にもなりません。

▼賞と罰はどちらを先に行うか

さて手を下すときに順逆の二つあり。地に東西南北の異なるあり。其の風俗模様を見定め、先後緩急の活術を胸中に秘め置き、小を積みても遠大の業を為し得るにあり。文武二道はかれこれにかゝわらず。はじめよりはげましぬるは、わかきともがらの、旧来《きゅうらい》の風習に染みにし心も、いつしか正路に向い、政のととのう時には、はたとせのものは三十《みそ》じ、三十じのものは四十《よそ》じになるまゝ、守成の業をつぎつべき人はいやが上にもいで来侍《はべ》りて、事をはじむる今日にまさりぬらんこと、なにうたがわんや。十年といえば長きようなれど、過隙の光陰指折り侍《はべ》るべし。家造りするのはじめ、寸大の苗木を植えつけおかんには、再修のころおいには千尺の良材をもうるが如くになん。ただ文弱の世にあたるのみならず。我国はから国とたがい、草昧《そうまい》のむかしすさのをの尊《みこと》、下つ国しろしめされしはじめ、十握《つか》の神剣もて八またの蛇を征せられしより、世々のすめら美ことの武をもて建て玉うまつりごとにしあれば、二道緩急時機に応ずるは

もとよりなれど、武を以て骨とし、文を肺腑と定めおきて、その用にのぞみて、主となし客となし、世をすくうの運用こそ我国の一大文章ならめ。

さて、その仁道にもとづいて手をくだすときに、順手と逆手の二つがあり、土地に東西南北の相違があるので、よくその風俗模様を承知して、どれを先にどれを後にするか、またどっちをゆっくりどっちを早くするか、という活術を深く胸に秘して、小さなことでもいとわず積みあげていくと、大きな事業を成功させることができます。

これは非常に大事なことであります。例えば信賞必罰という言葉があります。これは政治に欠くことのできない根本条件の一つですが、この賞罰を活術としてみると、なかなかむつかしい問題であります。賞と罰のどちらを先に行うか、これが先後緩急ですが、一例を申しますと、まず賞すべき者をさきに賞して、そして罰すべきを罰するというやり方があります。

またこれと逆に、先に罰して衆の心をぴりっとさせておいて、あとで賞をやるという方法もある。さらにこれを具体的に申しのべますと、腕力が強く、その上暴力団のようなものに加盟している男が威張っておって、有能な人間、立派な人間が快々《おうおう》としておるときに、その有能な人物をほめてこれを用いると、大変副作用が多く、このやっかい者がどんな妨害をするかも知れない。そこで先にその元凶である暴力団を厳罰に処する。そうするとみんなが「痛快だな――」と喜ぶ。しかしまだそれだけでは十分でありません。そこで思い切っていままで埋もれていた人物を抜擢《ばってき》登用しますと、もう勝負ありということでありま す。これが先後緩急ということでありますが、大変むつかしいことです。

文武の道は、その修業の始めからよく激励してやると、古い誤った習慣になれて間違っていた青年たちが、いつの間にか正道にむかうようになり、政治が軌道にのると、二十歳の者が三十歳になり、三十歳であった者が四十歳になった時に、守成という大事な仕事を継承する人がたくさんできて、いろいろなことを始めても成功疑いありません。十年といえば長いようですが、光がすき間をとおるほどの僅かの時間ですから、案外早くこれを期待することができましょう。

僅かの間と言えば、家をつくるときに、その用材としてちょっとばかりの苗木を植えておくと、実際に家がいたんでつくりかえなければならぬ頃になると、大木に成長して役に立ちましょう。これも長いようで案外短い期間といえましょう。

我が国は中国などと違って、昔素盞鳴尊《すさのおのみこと》が、八またの蛇を退治されてから、歴代の天皇が武をもって政治の中心とされた国であるから、現在は文弱の時代であるけれども、武を先にして文をあとにし、そして時には臨機応変にやるとよろしい。文武の運用によって世を救うことがわが国特有の一大文章であります。

武について説明しますと、例えば悪を対象とした場合、これに処するに五つの方法があります。まず第一が、泣き寝入り型とでも言いますか、強い者には負け、長いものには巻かれて、泣き寝入りするという一番多い生活態度であるが、これは話になりません。

第二が、かなわないと思っても必ず一矢をむくいる、なぐられたらなぐり返す、蹴られたら蹴り返すという復讐的態度。これは第一の型にくらべると少々元気があるが、粗野で低級であります。そこで、

第三に、昔から偉大な聖人・達人が到達したような、一切を超越し、勝負あるいは恩讐というような立場をこえて、すべて慈愛の目で物を見るという宗教的な型ですが、これは凡人の及ぶところではありません。剣で言うならば宮本武蔵の剣でありましょう。

第四に、意気地のない、蹴られても蹴りかえすこともできない、なぐりかえすこともできないような人間が、それでも負けおしみと、人前というものがあるため、自分の弱い、意気地のない境地をカモフラージュして「オレが弱いのではない、相手をあわれんでおるのだ。目には目、歯には歯をもって報いることはいやしい。オレは神のごとく弱いのだ」などと言ってごまかす。これを偽善的態度といって最もいやしむべき型です。

第五に、道を重んずる故に暴虐の横行を許さない。腕にかけてもそれを禁止し、人間を

侵略・暴虐から解放する。これが最も権威のあることは申すまでもありません。この五つが悪に対する人間の態度であります。

▼治乱貧富の道

治平の久しき経理家文章家などとなうるもの輩出し、先後緩急の論を訓詁章句の上に逞《たくま》しうし、古賢哲王の道も庸士の談柄とはなりぬ。これをしてこころみに国事にあずからしめんに、事をあやまらざるものはまれなるべし。聖人の道といえば文武かねそなわりて、これより近く尊きはなし。治乱貧富昔も今もこの道によらざれば、皆邪路に迷うべし。されば君たらんは春の耕すはじめより、秋の収むるまで、花や紅葉にことよせ、あるは青田の面の雨のさま見まほしきなどとて、むくら生《お》いぶせき賤が家にたちやすらい、粒粒辛苦の民のありさまを身にしたしくしろしめし、其おとなやく（大人役）たらん人は、かねて君にさゝげし身と、その国を身ひとつにひきうけ、人材を求め、浮沈にもあずかることのわけを、誠心もて涙と共にほどこす命令にしあれば、米金などはおのずからこのうちより生ぜん。たとえ豪富の奸商人たりとも、同じく世にすめる人ぐさなれば、かならず小民を侵漁し、蓄うる所の財ならん。この庫に印封し改むるともたれかこれを不仁とせん。或はこれあらん。かならずその醜類と知

るべし。たゞこのみちを行わで、かくきびしくなしたらんには、不仁の上の不義ならめ。この道を行うにはその人を得ざれば事不成ゆえ、人をえらびいだすは、国を治むるのはじめなり。

長い間平和が続いたので、経営者とか評論家などがあらわれ、先後緩急の意見をただ字句の解釈にとどめ、昔の賢人や傑出した君主のこともつまらぬ武士の話のたねとなりました。こういうつまらぬ口先だけの者に国の大事な仕事をさせると、誤りをおかさない者はほとんどないでしょう。聖人の道とは文と武の二つがそなわることで、これくらい直接でかつ貴重なものはありません。治乱貧富の道は、昔も今もこの聖人の道によらなければ、横道にはいって迷うことになる。

そこで藩主は田畑を耕作する春のはじめから、作物の収穫まで、花見や紅葉見にかこつけたり、あるいは青田に降りそそぐ細雨を見たいから等といって、貧しい民家にたちより、苦労している人民の実情を身をもって承知すれば、藩主の補佐役である人々は、この身は藩主にささげた身体であるから、その責任を一身にひきうけて、人材を求め、国の浮沈に際会しては、まごころから涙とともに命令を下すようであれば、米や金などは自然にあつまりましょう。たとえ大金持の心のよからぬ商人であっても、同じ藩の中で共に生活をしているのであるから、その富は必ず藩内の民衆から搾取した財産であろう。したがってその金蔵《かねぐら》に鍵をかけて、改めさせるようにしても、誰もこれを道にはずれているとは言わないだろう。もしこれを道よりはずれていると言う者があれば、その者はきっと民衆から搾取して財をなした一味の者でありましょう。そこでこれらの者を改心さすには、順序をふんでやるべきで、急にきびしく責めたてるようにやるとよくありません。やはりこれができるのは相当の人物でなければなりませんから、人材をさがすことは国を治めるはじめです。

▼人を手離して用いる

今の世の功利に走るさもしさは、その身ひとつのことにしあれば、ゆるしもせよ。やごとなきわか君を、すじやういやしき奸商どもの金の重みに膝を屈しまいらせ、白日には詞《ことば》正しく威儀を張り、いともかしこく、時めけど、暗夜のふるまいはにくむことのみ多かりき。されど彼は誰のひき、これは誰々のひきなどとて、上に位する人には、その座よきにいひなしかけては、指もてさし、目もて語るのみ。さてかくあるべしとはしらで、下に人なしなどおもはるべけれ。下にては恐多くも上に目なしなど、袖ひき笑うものもありぬべし。ある太守のもとにつかうる予が親しき友のひそかに見せ侍《はべ》

る歌に

位山をほつかなくも棟になる
木にしなき世の殿作りかな

書はもとより読み侍《はべ》れど、歌はその業ならねば、文字のつかいよう拙なく、また年若ければ、いひもすぎつべけれど、このうたもて世のありさまをはかられていとかなしうおもい侍る。げに人を得まほしくおもわば、胸ひらきわが身の及ばざるのなせるところと、まごゝろもて世に求むるにあり。

いまの世は何かと言えば利害一点張りで、そのあさましいことは個人的なことであれば許しもしたいが、素姓のいやしい商人たちが殿さまに対して、金のために頭をさげさせ、昼間は言葉も正しく礼儀もあって、かしこそうにしているが、夜の行動をみると許されぬことが多い。しかし彼は誰々と特別の関係があるといって、上の者が自分に都合のいいように語るため、指さしたり、目くばせして、そっと話ができるだけである。このような状態であるから、下の者から上には人物不在とおもわれ、そのうえうちの殿はもったいないが目くらであると、互いに袖をひいて笑う者もあります。

ある太守のもとに仕えている友だちの歌のごとく、おぼつかなくて棟になる木がないような時世の藩主、殿さまの教育であるから、どのような教育ができましょうか。元来書物は読んでいますが、歌は素人であるため、文字のつかいようは下手で、その上年が若いから過言のきらいはあるが、この歌で世の中の様子が推察できて、じつになげかわしいことであります。そこで人材を得ようと思えば、虚心になって自分の不徳のいたすところと、誠心誠意をもって世に求めるがよろしい。

又人をつかうには、作気の術てふものもてつかわばみな我用たらん。されど小過をとがめず、備うるを求めず、そのものの癖と疵とを見て用うるにあり。疵といえばあしきようなれど、車は船の用をなさぬは疵なり。千里の馬も御者その人にあらざれば、ひたもの癖をさゝえ、性のまゝにせざるをもて、かみつき踏みつけ、かけおとしぬる馬にも劣るべし。たゞ此癖あるをもて千里をゆくなるに、癖なくして千里を行く馬は世に稀ならん。人も賢人君子ならざるよりはみな疵ものなり。疵の大なるほど大わざの出来るものなり。この疵ものをあつめ、その気をひきたてつかわば、富有大業うたがいなし。たゞ奸商の心あるものは用うることあたわず。

さればとて上に位する人、多くの人の癖と疵とをしりて、選みだすことあたわず。頭奉行のものの両老人をあげ、そのものに同僚又は下役のものを択ませ使うこそ、人

を手離して用うるというものなれ。手離すことならざるゆえ、みずから選ぶ。みずから選ぶゆえ、追従諂諛《てんゆ》の輩出ず。諂諛行わるるゆえ、同僚のうち心を隔つ。こゝろを隔つるゆえ、身がまいす。身がまいをなすゆえ、上に立つ人に善悪を論ずることあたわず。論ずることあたわざるゆえ、其人の贔屓《ひいき》におもう人か、又はその人の身うちの人を諂諛のためによくいいなし、あるはその人のにくしとおもう人を察し、あしくいいなすものなり。かようのもののほめそしりによりて心を動かし、人を進退せば、おのれ依怙《えこ》贔屓《ひいき》とおもわざるべけれど、余所《よそ》より見侍れば、みな依怙贔屓なり。この旧習《きゅうしゅう》を一時に洗い落し、人の目を新にせざれば、浮沈にあずかるほどの窮国を再興すること天地にちかいてかたかるべし。

また人をつかうには、その元気を作興する術をつかうと人が感奮興起してみな役に立ちます。しかしながら小さな過をとがめず、すべてに完全を求めず、その人の癖と疵《きず》とを見て用いるがよろしい。疵という言い方はよくないが、車は船のする仕事ができないのが疵である。千里を走る駿馬も好い御者がおらないと、一途《いちず》に癖を妨害するため、生まれつき千里を走るという癖が発揮できないで、人にかみつき、踏んだり蹴ったりして、ただの癖ある馬にも劣るようになります。この癖があるから千里の駿馬となるのであって、癖がなくて千里を走る馬は稀である。

馬にも癖のあるように、人間にも癖があり、その癖を気にすればせっかくの人材がつまらぬ人間と同様になってしまう。完備した人間とは聖人君子だけである。大きな欠点がある人間ほど大きな仕事ができるものである（少々危険な表現ですが、確かに真理が含まれています）。その疵物《きずもの》をあつめ、気分をひきたててつかえば、大きな仕事ができて、金持になることは疑いありませんが、ただ悪知恵を働かせて商売をする心のある者を使ってはなりません。しかしながら上に立つ者が、多くの人の癖と疵とを知って人材を選ぶことは不可能にちかいので、そこでよく人を見わける老練な人物を二人選んで頭奉行にし、その者に同僚または下役の者を選ばせて使わせる、これを人を手離して用いるというのであります。上に立つ者が万事下の者まで自分で選んで使おうと思ったらまちがいであります。それをやりますからつけこんでくるやつができて、「あいつはゴマをすってやがる」というようになり、同僚の間に隔てができて、心がかよわないから、互いに警戒します。このようになっては、上に立つ者はこう言ってよいか、ああ言ってよいかと、善悪を論ずることができません。そこで自分の身びいきの者や、身うちの者をほめそやし、反対に憎いと思う者を悪く言うものである。このような者のほめそしりに心を動かして、人事異動をやると、自分では公平にやったつもりであるが、よそから見るとみな不公平であります。この旧習を一時にやめて、一新しなければ、浮き沈みをくりかえすような貧乏国を再興することはとてもできません。

▼人を活かすも仁、殺すも仁

たとえ先例古格によらずとも、時をすくうの的法にしあれば、古人の心を今日用うるというものゆえ、とりもなおさず先例古格なり。この旧習《きゅうしゅう》を洗い侍らで、金銀を尊み、たゞ一時をしのぐばかりにこゝろざさば、後日大なる害も生ぜん。大事をおこなうには奸を罰して善をあげ、財散じて民あつまるの仁道によるにあり。仁道により人をあぐるは、上に位する人の大決断にあらざれば、あげられし人も迷い、罰せられし人も時をうかゞい、天の雨気を催し、降りもせず、晴れもやらず、陰鬱の候にひとしく、はては一藩分裂のいきおいになりゆき、治めんと欲して治むること能わず、政道地に落ちぬべし。人を活かすも仁なり。人を殺すも仁なり。なんぞ婦女子の如く慈悲遠慮を以て仁とせんや。大政事の本は遂に決断の二字に落着すべし。

たとえ先例古格によらなくとも、ぴたりと当たった政策方法であれば、古人の心を現在用いるというのであるから、すなわち先例古格となって今日以後の役に立ちましょう。悪い旧習の一掃をはからないで、金銀を大切にし、一時しのぎのごまかしだけをはかると、後日どうにもならぬことがおきます。大事をおこなうには悪を罰して善をあげ、人民から苛酷な税金をとりあげるような政治をやめて、国民が喜ぶ善政を行うことであります。なさけをほどこし人を愛するやりかたは、上に立つ者の決断のいかんによって、ほめられた人は迷ったり、罰せられた人は機会をうかがってその仕返しをはかったりします。ちょうど雨気を催しながら降りそうで降らず、晴れた日のない梅雨の頃のようで、遂に一藩分裂の大勢になって治めようとしても治めることができず政道が地に落ちましょう。人を活かすのも仁であり、殺すのもまた仁である。どうして女や子供のように慈悲遠慮だけが仁といえましょうか。大政事の根本は決断の二字にあって、この二字がすべてを解決します。じつに心にくい、卓見に富んだ文章であります。また実際にこれによって上の山藩の大改革に成功しました。昔から各藩の心ある実際家・改革者は皆争ってこれを写したり、回し読みしたりしたと伝えられております。しみじみと読んでみると、本当に身に迫るものを禁じ得ない。教養と信念の躍動した堂々たる文章であります。

会社の幹部として多くの部下をもち、また枢機に参画されている方々には、おそらくこの文章は身に響くものがありましょう。また平素考えていたことに対する自信も自ずから生じることでありましょう。

第6講――木雞、木猫、庖丁の教え

今度は少し趣を変えて、どちらかと申しますと、老荘思想系統に属するものの中から有名な文献を三題選びました。たいへん面白い変化に富んだ、多様性のある作品でありますので、皆さんの参考になることが多いと存じます。本文にはいる前に少し解説いたします。

日本人はよく英語をつかいますが、今申し述べた多様性についても、バラエティvarietyとかダイ(ディ)バーシティdiversityという言葉をよくつかいます。これは単調ということの反対の言葉で、単調と単純とはちがいます。

単純というものは、複雑なものを統一して、これを精練した結果、できあがるものでありますが、そういう内包性のないものを単調と言います。また複雑というものは多様性とも違いまして、内容のない、あるいは内容があってもそれが雑駁《ざっぱく》である場合を言います。

生命の理法も同じでありまして、われわれの身体も調和・統一に欠けて複雑・雑駁になり、これが病的にひどくなると、破滅つまり死にいたるわけであります。そこで統一のある多様性というものが大事でありまして、無内容で雑駁であるというのは一番忌むべきことであります。

このごろの政治を見ておりますと、非常に単調になってしまって、変化と多様性に乏しくなりました。たとえば中共問題などにしましても、議論が性急で、その上一本調子であるため、見識のある思想家や学者が常に顰蹙《ひんしゅく》しておるところであります。元来日本人にはそういう点がありまして、これは性格の弱点と申してもよろしい。ところが老荘思想には、巧妙にこれらの問題が取り扱われておりますので、その最もよい例として最初に木雞《もっけい》の原典を出しておきました。

木雞の話は多分ご承知であろうと思います。これが普及しましたのは、何と言っても横綱双葉山がこの木雞に非常に感ずるところがあって、終始木雞の工夫をして、ついに空前絶後と言われる名力士になり、六十九連勝を達成いたしました。最後の七十番目に安芸ノ海に破れましたが、肉体的に片方の目が見えないというハンディ・キャップに打ち克って熟達した境地は、この木雞の修業から得たものであるというので、木雞が大変有名になりました。

しかし、その木雞が何に出ているかという典拠になりますと、世間の人々はあまり知りません。これは荘子外編の「達生」という章のなかにありまして、荘子はソウジと読む読みぐせになっております。これは孔子の弟子に曽子、ソウシという人があってまぎらわしいために、漢学者の間で昔から区別して読んだわけであります。

▼木雞の境地

紀省子《せい》、王の為に闘雞を養う。十日にして而して問う、雞已《よ》きか。曰く、未だし。方に虚憍《きょきょう》にして而して気を恃むと。十日にして又問う。曰く、未だし。なお嚮《きょう》景《けい》に応ずと。十日にして又問う。曰く、未だし。なお疾視して而して気を盛んにす。十日にして又問う。曰く、幾《ちか》し。雞・鳴くものありと雖も、已に変ずることなし。之を望むに木雞に似たり。其の徳全し。異雞敢て応ずるもの無く、反つて走らんと。『荘子外編』

紀省子が王の命によって、蹴合雞を飼育しておった。紀省子という人は闘雞を養う名人であった。さて十日たって（しばらくあってというほどの意味）、王は彼に「もう、やらせていいか」と尋ねた。すると紀省子は「まだだめです。からいばりして、むやみにきばってばかりおります」と答えた。

この場合の気というのは発散的なエネルギーのことであって、反対に深い含蓄的なものが神であります。そこで気も客気というものからだんだん練られていくと神気になるのです。それがも一つグロテスクになると、鬼という字をつけて鬼気人に迫るというような言葉に使います。したがってここでは雞の体力・気力が真実から程遠い浅いものということです。

そこでしばらくして王はまた問うた、「もういいか」。

すると、「まだです、まだ相手にとらわれています」。

また王は「どうか」と尋ねた。「まだだめです。コヤツめ！　という所があり、かさにかかる所があります。もうしばらくおまちください」。

王「もういいか」。

「ぼつぼつよろしい。相手が挑戦しても少しも変わりません。ちょっと見ると木彫りの雞のようで、徳力が充実しております。こうなるとほかの雞は恐らく相手になりますまい」。

雞に託して人間を諷刺した面白い話であります。注意しておりますと、人間にもこれによく似た人がおります。から威張りをして独り気負ったり、相手を意識して、自分の実力内容よりも、相手のことばかり考えて、どうしたらよいかと策略をたてておる人もあります。また相手をむやみに軽蔑して、何ほどのことがあろうかなどという気がまえの人間もあって、修養練達十分の上、相手を別に意識せず、馬鹿にもせず、その上自然で超脱という境地に達した人物は容易に得られるものではありません。

相撲は闘雞のように闘技でありますから、双葉山関が、土俵の上でも、また私生活においても終始変わらず、この修行をしたということは、じつに立派なものであります。彼が横綱になりました頃は、本当に人間として木雞の風格がありました。淡々とした中に何とも言えぬ落ち着きと充実があって、しかもそれがきわめて自然でありました。話をしておりましてても思わずできておるな、と思うことが度々ありました。やはり修行すれば人間もこうなるのだということを痛切に感じました。

民族的に申しますと、漢民族は世渡りの上でこういう練達・練熟、向こうの言葉で言うと「老《らお》」、この字のとおり老成したところがあります。これに対して日本人は「生《き》」、いい意味においても悪い意味においても、純でなまであります。これは両民族の好個の対照であって、漢民族はいい意味において老練、あるいは老熟ですが、悪くするとこれが老獪《ろうかい》ということになってやっかいです。名高い林語堂などは、やはり自分で自分の民族の悪いほうの性格の中に、これをいれて英語でrogueと使っております。老獪と訳したら一番当たってありましょう。酒でも向こうは老酒《らおちゅう》、日本は生一本という。まことに面白い相違であります。人の性格にも、あの人は「生《き》一本だ」とよくほめる言葉に使いますが、「なま」というと、まだ人間ができていないことでありますから、あらゆる点において対照的であります。

文化の面から見ましても、中国の文化をあらわす文字に「蕩」という字があります。これには三つの意味があって、その一つは「王道蕩々」というように非常にスケールが大きいということに使います。次が老練・老熟というねれているという意味。そして三番目がとろけるという、どちらかと言えば悪い意味に使います。この「蕩々」に対する言葉が「稜々《りょうりょう》」でありまして、これは「気骨稜々」等と言って日本では好んで使う言葉ですが、どちらかと言うと、人を刺激して、こわれやすく、もろい。つまりまだねれておらない生《なま》だということであります。このへんにも中国文化と日本文化との相違がみられます。

▼木猫の教え

木雞に対して、これまたたいへん面白い長文の話であります。作者は関宿藩士、丹羽十郎左衛門であります。この人は享保頃の人で号を佚《いっ》斎、または樗《ちょ》山と称しました。佚の字は安佚《あんいつ》の佚で、世間の人間のようにあくせくしない、のんびりしているという字であります。また樗の字は明治の有名な高山樗牛の樗の字で、無用の大木、あるいは無用の用という意味があって、佚も樗も多分に老荘的でありますから、老熟趣味がうかがえます。
彼は老子・荘子・列子などを愛読して、日本流の構想にした『田舎荘子』という、たいへん面白い寓話を書いております。木猫はその田舎荘子の中にある文章ですが、この本は好事家に珍重され、ほとんど本屋の店頭では見ることができなくなりました。亡くなられた吉川英治氏もこの本を愛読して、自分で印刷して同好の士に配布したこともありました。

勝軒という剣術者あり。其家に大なる鼠出でて、白昼に駆け廻りける。亭主其間をたて切り、手飼の猫に執らしめんとす。彼の鼠、猫のつらへ飛びかかり食付きければ、猫声を立てて逃去りぬ。此分にては叶うまじとて、それより近辺にて逸物の名を得たる猫どもあまた狩りよせ、彼の一間へ追入れければ、鼠は床のすみにすまい居て、猫来れば飛びかかり、食付き、其気色すさまじく見えければ、猫ども皆尻込して進まず。亭主腹を立て、自ら木刀をさげ、打殺さんと追いまわしたれど、手元よりぬけ出でて木刀にあたらず。そこら戸障子からかみなどたたきやぶれども、鼠は宙を飛んで其早きこと電光のうつるが如し。ややもすれば亭主の面に飛懸り食付くべき勢あり。勝軒大汗を流し、僕を呼んでいう、これより六七町さきに無類逸物の猫ありと聞く。かり

て来たれとて、即ち人を遣わし、彼の猫をつれよせ見るに、形りこう気《げ》にもなく、さのみはきはきとも見えず。それとも先ず追入れて見よとて、少し戸をあけ、彼の猫を入れければ、鼠すくみて動かず。猫何の事もなくのろのろと行き、引きくわえて来りけり。

丹羽十郎左衛門『田舎荘子』

勝軒という剣客の家に大きな鼠が出て、昼間でも駆け回るので、鼠を逃がさないようにしておいて猫をその中へ入れたところ、この大鼠が猫の面へとびかかって食いついたので、これではとてもかなわんと、猫がおそれて逃げてしまった。こんどは近所の猫で、鼠取りの上手なやつを数匹かりてきて、鼠のはいっている部屋の中へ入れると、鼠は床のすみにかまえて、猫がむかっていくと、逆に飛びかかってきて食いつき、そのさまがじつにおそろしいので、猫どもは皆おそれて後退してしまった。

亭主は剣客ですからたいへん腹をたて、木刀を振りあげて、殺そうと追いまわしたが、鼠は勝軒の手許から逃げまわり、いたずらに戸・障子・唐紙等を破るけれども、鼠をたたくことができず、逃げる鼠のすばやいことは電光のようである。その上勝軒の顔にとびかかり、食いつきそうになったので、ついに召使いを呼んで六、七丁さきにおる無類の強猫を借りに行かせた。召使いが借りてきた猫をみると、大してかしこそうでなく、はきはきしたところもないが、とりあえず鼠の部屋の中へいれてみようと、猫をいれると、鼠はじっとして動かなくなり、猫は悠々と鼠のところへ近づいて、簡単にくわえて引返した。

其夜件《くだん》の猫ども彼の家に集まり、彼の古猫を座上に請じ、いずれも前に跪《ひざまず》き、我等逸物の名を呼ばれ、其道に修練し、鼠とだに云わば鼬《いたち》、獺《かわうそ》なりとも取りひしがんと爪を研ぎ罷在候処、未だかかる強鼠あることを知らず。御身何の術を以て容易に是を討玉う。願わくば惜むことなく公の妙術を伝え玉えとて謹んで申しける。古猫笑つて云う。何れもわかき猫達随分達者に働きたまえども、未だ正道の手筋を聞きたまわざること故に思の外のことに逢ひて不覚をとりたまう。然し乍ら先ず各々の修業の程を承らんと云う。

（同前）

その後猫どもが集まり、古猫を上にすえて、神妙にひざまづき、「われわれは平素よくできたやつだとほめられ、鼠をとる練習をして、鼠ときくと、鼬・獺の類にいたるまで、取ってしまおうと爪をみがいておったが、こんなに強い鼠がおろうとは思いませんでした。あなたはどうして、このように簡単に鼠をとられたのか、どうかその秘術を教えてください」と申し出ると、古猫は笑いながら、「皆さんは若いから、ずいぶん元気に働きますが、まだ本当の鼠をとる正しい筋道をご存知ないため、予想もしなかったことにぶっつかって、不覚をとるのです。そこで先に皆さんから鼠をとる修業の程を承りましょう」と言う。

其中に鋭き黒猫一匹進出で、我鼠を取るの家に生れ、其道に心がけ、七尺の屛風を飛越え、ちいさき穴をくぐり、子猫の時より早業軽業至らずという所なく、或は眠りて表裏をくれ（表面にねたふりする意）或は不意に起つて桁梁《けたはり》を走る鼠と雖捕損じたることなし。然るに今日思の外なる強鼠に出会い、一生のおくれを取り、心外の至りに侍る。古猫云、吁《あゝ》汝の修むる所は所作のみ。故にいまだ覘う心あることをまぬがれず。古人の所作を教うるは其道筋をしらしめんためなり。故に其所作簡易にして其中に至理を含めり。後世所作を専として、兎すれば角すると色々の事をこしらえ、巧を極め、古人を不足とし、才覚を用い、はては所作くらべというものになり、巧尽きていかむともすることなし。人の巧を極め才覚を専とする者はみなかくのごとし。才は心の用なりといえども、道にもとづかず巧を専とする時は偽の端となり、向《さき》の才覚却て害に成る事おおし。是を以てかえりみ、よくよく工夫すべし

（同前）

すばしこそうな黒猫が進み出て、「自分は鼠を取ることを仕事とする家に生まれて、その練習をつみ、七尺もある高い屏風をとびこえたり、小さな穴をくぐって、子猫の時から、どんな早業も、どんな軽業もやりました。また時にはねたふりをして、桁や梁を走る鼠を急に襲って捕まえましたが、失敗したことは一度もありません。しかるに今日は思わぬ強い鼠にであい、一生の不覚をとり、残念でなりません」。すると古猫が「あなたの学んだのは技術だけにすぎない。だから鼠を取ることだけを考えておるが、昔の人が技術を教えたのはその筋道を理解さすためであるから、技術の習得は簡単であるが、その中に深い道理があります。ところがちかごろはその技術だけをとりあげて、そのわざを競争するようになったので、もう手の施しようがなくなりました」と答えた。

人間も利口で気のきく者はちょうどこれと同じであります。才能は心のはたらきであると言っても、筋道から離れて勝手な考えをはたらかすため、偽となって、はじめの計画も害になることが多いものですから、よく反省して、方法を考えなければなりません。

人物のできた人を見ると、その動作は大変おっとりとして、すなおで、自然です。口数の多い、雑駁で騒がしいというのは、まだ人物ができておらぬ証拠とみてよろしい。台湾の蔣介石総統の先輩に曽国藩という立派な政治家がありました。この人が自分を戒める座右の銘として四不をあげてこれを実行しました。一つは不激（げきせず）、興奮しないということ。二つは不躁（さわがず）、ばたばたしないこと。三つは不競（きそわず）、くだらぬ人間とくだらぬ競争をしないこと。四つは不随（したがわず）、人のうしろからのろのろとついていくというようなことをしない。又四耐—冷に耐え、苦に耐え、煩に耐え、閑に耐う、といって自分を戒めております。

又虎毛の大猫一疋まかり出で、我おもうに、武術は気勢を貴ぶ。故に気を練ること久し。今其気豁達至剛にして天地に充つるがごとし。敵を脚下に踏み、先ず勝て、然して後進む。声に随い響に応じて、鼠を左右につけ、変に応ぜずということなし。所作を用いるに心なくして所作自ら湧出ず。桁梁を走る鼠はにらみおとして是をとる。然るに彼の強鼠来るに形なく往くに跡なし。是いかなるものぞや。古猫の云、汝の修練する所は是れ気の勢に乗じて働くもの也。我に恃む所ありて然り。善の善なるものに非ず。我やぶつて往かんとすれば敵も亦やぶつて来る。またやぶるにやぶれざるものある時はいかむ。我覆うて挫かむとすれば敵も亦覆うて来る。覆うに覆われざるものある時はいかむ。豈我のみ剛にして敵みな弱ならんや。豁達至剛にして天地にみつるがごとく覚ゆるものは皆気の象なり。孟子の浩然の気に似て実は異也。彼は明を載せて剛健也。此は勢に乗じて剛健なり。故に其用も亦同じからず。江河の常流と一夜の洪水との勢の如し。且気勢に屈せざるものある時はいかん。窮鼠却て猫を噛むという

事あり。彼は必死に迫つて恃む所なし。生を忘れ慾を忘れ勝負を必とせず。身を全うするの心なし。故に其志金鉄の如し。如此者は豈《あに》気勢を以て服すべけんや。（同前）

また虎毛の大きな猫がすすみ出て、「自分が思うには、武術は大いに気勢を貴ぶので、長い間気勢の修練をして今日にいたりました。物事にこだわらず、その上たけだけしく張り切り、相手を圧倒して進むものですから、どんなに鼠がとびはねても自由自在にその変化に応ずる働きができきました。そこで桁梁を走る鼠はにらみつけただけで落ちてきます。ところがあの強い鼠はその動きがわからぬぐらいすばやく動くのは、どうしてでしょうか」。するとと古猫が、「あなたが修練したのは、自分の気勢によって働くことで、しかもおれにはこれができるという自負心があるため、最善ではありません。自分が突進すると敵もまた突進してくるでしょう。しかしこちらから突進できないときはどうしますか。また圧倒しようとすると敵も圧倒してくるでしょう。圧倒できないときはどうしますか。いつも自分が強く、敵が弱いということはありますまい。非常に心を広く、強くもつのもこれは孟子にある浩然の気に似ておるけれども、浩然の気とはちがいます。孟子の方は叡智をちゃんと持って、そこから出る剛健でありますが、あなたのはただ勢いに乗じたつよがりにすぎません。ちょうど大きな川が悠々として変わらずに流れているのと、一夜の洪水との相違のようである。その上あなたの気勢にも屈しない気の強いものにはどうしますか。窮鼠が猫を嚙むという言葉があって、窮鼠が命がけで、勝負などを問題とせず、突進してくれば、あなたの修練した気勢はこれに勝つことができるでしょうか」。

又灰毛の少し年たけたる猫静かに進みて云う、仰せの如く気は旺なりと雖象あり。象あるものは微なりと雖見つべし。我心を練ること久し。勢をなさず。物を争わず。相和して戻らず。彼強き時は和して彼に添う。我が術は帷幕を以て礫を受くるが如し。強鼠ありと雖我に敵せんとして拠るべき所なし。然るに今日の鼠、勢にも屈せず。和にも応ぜず。来往神の如し。我未だかくの如きを見ず。古猫の云、汝の和と云うものは自然の和にあらず、思うて和をなすものなり。敵の鋭気をはずれんとすれども、僅に念に渉れば敵其気を知る。心を和すれば、気濁りて惰に近し。思うてなす時は自然の感をふさぐ。自然の感をふさぐ時は妙用何れより生ぜんや。只思うこともなく、為すこともなく、感に随いて動く時は我に象なし、象なき時は天下我に敵すべきものなし。然りと雖各々の修する処悉く無用の事なりというにはあらず。道器一貫の儀なれば、所作の中に至理を含めり。気は一身の用をなすものなり。其気豁達なる時は物に応ずること窮りなく、和する時は力を闘わしめず。金石にあたりても能く折るること

なし。然りと雖僅に念慮に至れば皆作意とす。道体の自然にあらず。故に向う者心服せずして我に敵するの心あり。我何の術をか用いんや。無心にして自然に応ずるのみ。然りと雖道極りなし。我が云う処を以て至極と思うべからず。昔我が隣郷に猫あり。終日眠り居て気勢なし。木にて作りたる猫の如し。人その鼠を取りたるを見ず。然れども彼の猫の至る処近辺に鼠なし。処を替えても亦然り。我行きて其故を問う。彼答えず。四度問えども四度答えず。答えざるにはあらず、答うる処を知らざるなり。是を以て知る、知るものは云はず、云ふものは知らざることを。彼の猫は己を忘れ物を忘れて無物に帰す。神武にして殺さずというものなり。我亦彼に及ばざること遠しと。

（同前）

こんどは灰色の年をとった猫が静かに進み出て、「お話のように気勢のさかんなものはかたちにあらわれます。かたちにあらわれるとどのように小さなものでも見ることができる。そこで私は、気勢をはらず、物を争わず、和して矛盾せず、相手が強いときは彼と一つになって離れない。ちょうど投げた石を幕でうけるようなものである。そこでどんな強い鼠でも暖簾《のれん》に腕押しの状態となって私に対抗できません。ところが今日の鼠は、勢にも負けず、和にも応じませせず、その振舞いは全く神のようで、こんな鼠を見るのは初めてであります」。
すると古猫が「君の和は自然のものではなくまだ作為した和である。敵の鋭気をはずそうとしても、君の心にそういう思いがあると、すぐ察知されます。あまり心をやわらげると意気がにぶって惰になり、心が動くと自然とかたちにあらわれる。そこで無念、無為にしておると、名人の境地であるから、これに敵対するものがなくなる。しかしながら皆さんが勉強し練習されたことはすべて役に立たない、等というのではありません」。

「道器一貫の儀なれば、所作の中に至理を含めり」、万物を創造化成していく働きを「道」と言います。したがってこれは古猫のいうように無限であり自由であります。その創造変化の働きによって造られるもの、これが「器」であります。つまり道は限りなく融通無碍《ゆうずうむげ》であるが、器は融通がきかない。人間でも道を学んだ人は、融通無碍で自由がきくが、道を学ばぬ人間は融通がきかない。これは器にすぎぬからです。これが道と器との違うところです。しかし器は道によってあるもので道は必ず器を伴う。したがって道器は本来一貫であるからわれわれも道に即して千変万化の器用をなさなければなりません。

よくあの人は器量人だと言います。女のきりょうは主として顔を言いますが、男の器量は人格のできばえです。道に基づいていろいろのものを量り容れる出来具合です。したがって道を学ばなければ本当の器量にはなりません。

「気というものは、肉体を通じて発するエネルギーであるから、闊達《かったつ》なる時はどのような物にも応じ、和する時は力を闘わすことをせず、金石にあたっても折れません。しかしながら少しでも意識的にやりますと、自然ではないから、立ち向かう相手は心服せず敵対する心を持ちます。したがって無心が一番よろしい。しかし道というものは極まりのないものですから、私の言葉も最上ではありません。

昔私の近所に一匹の猫がおったが、この猫はほとんど一日中寝てばかりいて元気がなく、木で彫刻した猫のようであった。その上鼠を取るのを見た者がないが、不思議にこの猫がおると近くに鼠のかげがなくなります。猫が場所を変えても同様で、やはりその場所には鼠がいなくなるので、私はその理由を四回も尋ねましたが、この猫は答えませんでした。答えなかったのではなくて、答えるすべがなかったのでしょう。これでやっと、知っている者は言わない、言う者は知らないのであるということがわかりました。この猫はすべてを忘れて無心と化し、神武不殺という姿勢でありますので、とうてい私の及ぶところではありません」。

勝軒夢の如く此言を聞きて出で、古猫を揖して曰く、我剣術を修すること久し。未だ其道を極めず、今宵各々の論を聞いて我が道の極意を得たり。願くば猫其奥儀を示し

たまえ。猫云う、否我は獣なり。鼠は我が食なり。我何んぞ人のことを知らんや。夫剣術は専ら人に勝つことを務むるにあらず。大変に臨みて生死を明かにするの術なり。士たるもの常に此心を養い、其術を修めずんばあるべからず。故に先ず生死の理に徹し、此心偏曲なく、不疑不惑、才覚思慮を用ゆることなく、心気和平にして物なく、潭然（潭《ふち》のように静かに澄みきった姿）として常ならば、変に応ずること自在なるべし。此心僅に物ある時は、状《かたち》あり。状ある時は敵あり我あり。相対して角《あらそ》う。かくの如きは変化の妙用自在たらず。我心先ず死地に落入つて霊明を失う。何ぞ快く立ちて明かに勝負を決せん。仮令《たとえ》勝ちたりとも盲勝というものなり。剣術の本旨にあらず。無物とて頑空をいうにはあらず。心もと形なく、物を蓄うべからず。僅に蓄うる時は気も亦其処に倚《よ》る。此気僅に倚る時は融通豁達なる事能はず。向う処《ところ》は過にして、不向処は不及なり。過なる時は気溢れてとどむべからず。不及なる時は餒《う》えて用をなさず。共に変に応ずべからず。我が所謂無物というは、不蓄不倚敵もなく我もなく、物来るに随って応じて迹なきのみ。易曰無思無為寂然不動感而遂通於天下之故。此理を知て剣術を学ぶ者は道に近し。（同前）

勝軒は夢のように、この言葉を聞いて、古猫に頭をさげて言うには、「自分は長いこと剣術の練習をしているが、まだその道を極めることができない。今晩皆さん方の意見を聞いて剣術の極意を知った。どうかもう少しその話を続けてください」。

するとと古猫が「いやいや私たちは獣であって、鼠は私たちの食物である。その私たちにどうして人間のことがわかりましょうか。しかし考えてみますと、剣術というものは人に勝つためのものではなく、大事に臨んで生死の道を明らかにするための術であります。だから武士たる者はいつも精神の修養と、技術の錬磨をおこたってはなりません。そこで先ず、生死の理をよく知り、その精神をゆがめることなく、他人を疑ったりせず、ゆったりと落ちついて、潭《ふち》の澄んだ姿のようであれば、どのような変化にも応じられましょう。ところが少しでも心に為さんとする気持があると、かたちにあらわれ、争いがおこる。それでは自由な変化が阻害されて、我が心が死地に陥り、光を失ってしまうでありましょう。このような状態で勝っても盲勝でありますから、剣術の本当の姿ではありますまい。無物といっても内容のないナッシングではありません。心には元来形もなく、物を蓄えるというようなこともできませんから、ちょっとでもとどこおりがあると、自由自在とはまいりません。したがって立ち向かうと、元気があふれすぎてとどめがきかない。また反対に元気がなくては役に立たないため、どちらも変に応ずることができません。自分が無物と言うのは、蓄えず、倚《よ》らず、敵もなければ我もない、物がくればこれに応じて何の迹もとどめないということです。易の繫辞伝に『思うなし、為すなし、寂然不動、感じて天下のことに遂通す』とありますが、これは造化というものは人間の意識から言うと、無思無為でありにます。無意識で森羅万象に充満している。この道理を知って、剣術を学ぶものこそ道に近いというべきでありましょう」。

勝軒は猫にえらく剣道を教わったものであります。

勝軒之を聞きて何をか敵なく我なしという。猫云う、我あるが故に敵あり。我なければ敵なし。敵というはもと対峙の名なり。陰陽水火の類のごとし。凡そ物形象あるものは必ず対するものあり。我が心に象なければ対するものなし。対するものなき時は角《あらそ》うものなし。是を敵もなく我もなしという。心と象と共に忘れて、潭然として無事なる時は和して一なり。敵の形をやぶるといえども我も知らず。知らざるにあらず。此に念なく、感のままに動くのみ。此心潭然として無事なる時は世界は我が世界なり。是非好悪執滞なきの謂なり。皆我が心より苦楽得失の境界を為す。天地広しと雖心の外に求むべきものなし。古人曰く、眼裏有塵三界窄。心頭無事一牀寛。眼中わずかに塵沙の入る時は、眼開くこと能わず。元来物なくして明かなる所へ物を入るるが故にかくの如し。此心のたとえなり。又曰く、千万人の敵の中にあって此形は微塵になる

とも、此心は我が物なり。大敵なりといえども是を如何ともする能わず。孔子曰く、匹夫も其志を奪うべからずと。若し迷う時は此心却て敵の助となる。我がいう所此に止る。只自反して我に求むべし。師は其事を伝《つた》え其理を暁《さと》すのみ。其真を得ることは我にあり、これを自得という。以心伝心ともいうべし。教外別伝ともいうべし。教に背くというにあらず。師も伝うること能わざるをいうなり。只禅学のみにあらず。聖人の心法より芸術の末に至るまで、自得の処は皆以心伝心なり、教外別伝なり。教というは其己にあつて自ら見ること能わざる所を指して知らしむるのみ。師より之を授くるにあらず。教うることもやすく、聞くこともやすし。只己にある物を慥《たしか》に見付けて我が物にすること難し。これを見性という。悟とは妄想の夢のさめたるなり。覚というも同じ、かわりたることにはあらず。（同前）

勝軒これを聞いて「何をもって敵なく我なしというのか」と。猫が答えるには「我があるから敵があり、我がなければ敵はありません。敵とは元来対峙の名であります。陰陽水火のようなものです。およそ形のあるものは必ず相対するものがありますから、我が心に形がなければ対立するものはありません。したがって争うものがないから敵もなく我もないと言ってよろしいでしょう。心と形と共に忘れて、静かで無事の時は和して一であります。敵の形をやぶるといっても我も知らず、知らぬのではなく、そのようなことを考えもせず、思いのままに動くだけです。また、この心が澄みきって静かでかつ無事であれば、この世界はわが世界となって、良いの悪いの、好むだの悪《にく》むだの、執着だの停滞だのがない造化そのものであります。みな自分の心から苦とか楽とか、得とか損とかの境界をつくるものです。天地は広大であるといっても、結局は心の外に求むべきものはありません。眼の中にわずかな塵《ちり》や砂がはいっても、目をあけることができない。もともとそういう塵や砂がないとはっきり見えるのに、邪魔物がはいるためそうなるのである。これは心のたとえをいったものであります。また千万人という敵の中にあってこの身が微塵になろうとも、心だけは自分のものである。いかに大敵でも志だけはどうすることもできません。だから孔子も『匹夫も其の志を奪うべからず』と言っております。しかし迷う時は却ってその心が敵の助けとなりましょう。私の申しあげるのはこれだけです。あとは反省して自分に求めてください」。

これは孔子が最も力説している点であって、結局自分が自分にかえる外に途はありません。師はそのことを伝え、その道理をさとすだけですから、その真実を得るのは自分であります。これを自得と言い、以心伝心と言い、教外別伝と言うのであります。自得とは自分が自分をつかむこと。教外別伝とは教の外に別に伝わるとか、教に背くというのではなく、師も言葉や形で伝えることができないことを言うのです。ただ禅の道だけではありません。聖人の説く心法から芸術の末にいたるまで、自得とは皆心をもって心に伝えるものであって、教外別伝であります。教というものは自分にありながら、自分で見ることのできないものを、指して知らしめるだけであって、師がこれを授けるものではありません。教えることも、聞くこともいとやすいことですが、ただ自分にあるものをしっかりと見つけて、自分のものにすることが難しい。これを仏教では見性と言います。悟とは妄想の夢からさめることで覚と同じであります。

深遠な理法をじつに平易に面白く伝えております。木猫の説が一段と芸術化されて、熟読玩味すると妙味がつきません。

▼庖丁の訓

庖丁《ほうてい》の、文恵君の為に牛を解くや、手の触る所、肩の倚る所、足の履む所、膝の踦《かが》まる所、砉《けき》然たり、嚮然たり、刀を奏する騞《くわく》然として、音に中らざること莫し。桑林の舞に合し、乃ち経首の会に中る。文恵君曰く、譆《ああ》、善い哉、技も蓋し此に至るか。庖丁、刀を釈《す》てて対へて曰く、臣が好む所の者は道なり、技よりも進めり。始め臣が

牛を解く時、見る所、牛に非ざる者無し。三年の後、未だ嘗て全牛を見ざるなり。今の時に当りては、臣は神《しん》を以て遇うて而して目を以て視ず。官止まるを知つて、而して神は行かんと欲す。天理に依りて、大郤《げき》を批《ひら》き、大窾《かん》を導く、其の固然に因る。技は肯綮《こうけい》を経《ふ》るだも未だ嘗てせず。而るを況んや大軱《こ》（大骨）をや。良庖は歳に刀を更ふ、割けばなり。族庖は月に刀を更う、折るればなり。今臣の刀は十九年、解く所数千牛、而して刀刃は新たに硎より発せるが若し。

『荘子』

荘子の中の有名な一節で、料理人が牛を料理する秘術を巧みに説いたものであります。文恵君は魏の恵王。そして魏の都は梁（今日の河南開封附近）でありましたから、梁の恵王ともいい、孟子と対話した人であります。諡《おくりな》して文恵君と言います。

牛の料理人がこの文恵君に差し上げる牛を解剖するときに、その身ぶり、手ぶりがみごとなリズムとなり、動作そのものが一つの音楽を奏でていた。ちょうど商の湯王が旱魃《かんばつ》のときに、雨乞いをして舞わせたという桑林の舞や、帝・堯のつくったという音楽にぴったりであった。そこで文恵君は「ああ立派なものだ、技術もここまで到達するか」と讃嘆した。

すると料理人は刀を置いて「いや、臣の好むところは道であります。技術などよりもっと進んだものです。私が最初牛を解剖したときは、見るものがすべて牛に見えました。しかし三年後には、もはや牛そのものが目にはいらなくなりました。そして今では、心のもっとも奥深い神《しん》をもってこれに対し、決して目などで見るようなことはしなくなりました。つまり五官等の器官による感覚などというものは通り越して、もっともっと根底にある奥深い心の働きが自由自在に動くので、人間の小細工などでなく、天理によって、大きなすきまを開き、大きな穴より導くのであります。つまり初めから存在しているかたちに従ってやるのでありますから自然であります。

だから解剖は肯綮《こうけい》（肯は骨と肉との附着点、綮は筋と骨との結節、併せて緊要なところ）のような大事なところも問題でなく、まして骨だの筋肉だのというものに至ってはますます問題ではありません。天然自然にできておる牛の生理・肉体の組織に、自由自在に刀が遊ぶのであるから、自分でそれをどうこうするというのではありません。よい料理人は毎年刀をかえます。これは牛を割くために刃がこぼれるからです。普通の料理人ですと一カ月に一刀使います。技術が下手ですから骨などにぶっつけて刃を折るからです。今私の刀は十九年使っておりますそしてその刀で解剖した牛の数は数千になりましょう。しかし刃は砥ぎたてのように、ぴかぴかして刃こぼれなどありません」。

彼の節なる者は間ありて而して刀刃は厚みなし。厚み無きを以て間あるに入る。恢々

乎として其の刃を遊ばすに於て必ず余地あり。是を以て十九年にして刀刃は新に硎より発したるが若《ごと》きなり。然りといへども族に至る毎に、吾其の為し難きを見て、怵然《じゆつぜん》として為に戒め、視ること為に止まり、行《や》ること為に遅く、刀を動かすこと甚だ微なり。謋然《くわく》として已に解くるや、土の地に委するが如し。刀を提げて立ち、之が為に四顧し、之が為に躊躇す。満志、刀を善《ぬぐ》うて而して之を蔵む。文恵君曰く、善い哉、吾・庖丁の言を聞きて養生を得たり。

『荘子』

「節のところにすき間があって、しかも刀の刃は厚味がありませんから、この刀をすき間にいれますと、ゆったりと刀を遊ばせる余地があります。したがって刀を割いたり、折ったりすることはありません。だから十九年も一つの刀を使いながら、とぎたてのようで刃こぼれがないのです。しかし内臓の錯綜しているところに達しますと、解剖が難しいので、よく見て用心し、刀を動かす手も慎重ですから動作も遅くなります。したがって解剖を終わった時には土の塊が大地に落ちてくだけるように無の境地であります。刀を提げて四方を見渡し、何ともいえない気分となってしばらくたたずんだ後、はじめて終わったという満足感がわき、庖丁をもとにおさめるのです」と。これを聞いて文恵君は、「何と見上げたことだ。自分は庖丁の言葉を聞いて生を養う秘訣をさとることができた」と。

第7講―『自警』―古賀穀堂

いよいよ辛亥《かのとえ》の歳末となりました。間もなく壬子《みづのえね》の年を迎えようとしておりますが世界的に非常に多事多難であります。日本もニクソン・ショック、ドル・ショックで悩んでおるのでありますが、これに処するため、識見・所信・信念というものを皆さんも大いに養っていただきたいと思う次第であります。

そこでその教材として、古賀穀堂の『自警』をとりあげました。ご承知のように幕末から明治の初めにかけては、島津斉彬であるとか、松平春嶽であるとか、徳川斉昭であるとか、いうような名君が輩出いたしました。その中に、小藩であったため、あまり目立ちませんでしたが、非常に徳望のあった人に佐賀の鍋島直正という名君があります。直正というより閑叟といったほうがよく知られております。この名君を育て教育したのが古賀穀堂でありまして、寛政の三博士といわれました古賀精里の長男であります。
この古賀穀堂に傑作の『自警』がありまして、一読しますと心憎いほど彼の面魂が躍動しております。

▼対人関係の戒め

凡流、鈍漢、傲吏、褊人に接するにも、亦和厚謙譲、気を下し、言を安らかにす。驕惰なる勿《なか》れ。慍懟する勿れ。侮詈する勿れ。澹然として一毫不平の気無し。夫の横逆の来るが若き、蚊虻の前を過ぐるが如し。校《むく》いず争わず、笑うて屑《こせつ》かず。

昨今のような乱世になりますと、対人関係がきわめて微妙でやっかいであります。そこで、凡流——平凡な仲間、鈍漢——なまくら者、傲吏——おごった役人、褊人——へんくつ人、こういう人々に接するにも、にこやかにへりくだり、心を落ちつけ、言葉やわらかに、驕り等あってはならない。また、この野郎！　などと侮ったりののしったりせず、あっさりとして不平不満等をもってはならない。自分の考え、あるいは行為の邪魔だてをする者があらわれても、蚊や虻が飛ぶように少しも気にしない。反発したり、こせこせしない。現代人の心理は、非常に刺激に弱くなって、落ちつきがありません。「校《むく》いず争わず、笑うて屑《こせつ》かず」でありたいと思います。

▼逆境にも失わぬ自由の心

屈辱、坎壈《かんらん》、薄命、数奇《すき》、千辛万苦皆天命に任す。恬熙楽易《い》、従容自得し、分に安んじて固窮し、心広く体胖《ゆたか》に、縲絏鞭笞《るいせつべんち》も辱《はぢ》と為すに足らず。絶食無衣、其の楽しみ余有り。（論語、君子固より窮す、小人窮すれば斯に濫す）然りと雖《いえど》も、宇宙を包括し天地を震動するの心、未だ嘗《かつ》て頃刻《しばらく》も忘れず。

人生航路において、はずかしめをうけたり、思いもかけぬおちこみにあったり、運命にめぐまれなかったり、因果に支配されたり、いろいろな経験をする苦労等はすべて天命であるとして、これに対処していくがよい。そして心をひろく体をゆたかに、正しく道をあゆんでおっても、ときに縄目の恥をうけることがあるが、これも問題としないほうがよい。そのうえ、食べ物や着る物がないような貧乏をしても、楽しみはその中にあることを知って努力する。このように運命に恵まれず、またどんな災厄にあっても、宇宙をつつみ、天地を動かすの心というものをしばらくも忘れない。つまりどんな貧窮状態にあっても悠々として自由の精神を失わない、ということであります。

▼他人の富貴栄利をうらやまず

他の富貴栄利を看るも健羨を生ぜず、趨付を作《な》さず。他の落魄不遇を看るも軽慢を生ぜず。厭棄を作《な》さず。

他人の富貴栄利をみても、うらやまず、それにかこつける等というあさましいことはやらない。また他人の落ちぶれた姿をみても、軽んじたり、あなどったりしない。ましてこれをいとい、捨てる等のことをしない。——富貴栄利であろうが落魄《らくはく》不遇であろうが、それによってその人をどうする等という区別をしない、自由に公平につき合う、これが交際の戒めであります。

▼雑・閑・疾・倦・貪看するなかれ

書を見るに太雑の病未だ除かず。此れは是れ大病根。須く深沈緒密、専一精確なるべし。群書を雑看する勿《なか》れ。閑看する勿れ。疾看する勿れ。倦看する勿れ。貪看する勿

れ。道理を窮究して必ず十分の処《ところ》に至る。昼《ひる》尋ね、夜思い、諸《これ》を心に真得して後已まんことを期す。言辞を審定し、和緩精詳、条理昭晰、疾《はや》きこと勿れ。慢《ゆるや》かなること勿れ。

勉強に対する規則であります。どうも自分は読書をするのにきわめてざっぱくである。あれこれと読みあさる。これは大きな病根であるから、深く沈んで、微妙な点をも見落とさないように精確にしなければならない。多くの書物をざっぱくに見たり、あくびまじりに見たり、読みとばしたり、あっちを見たり、こっちを見たり、そうして読まなくてもよいものをむやみに読みあさるのはよくないから、立派な書物をえらび、これを読んで、十分だというところまで考えて、本当に自分の心でつかむことを目的とする。そして相手に十分理解させるだけの言葉で、よく練って筋道を正し、早口も困るが、あまりゆっくりも困るので、つとめてなごやかに相手が「よくわかった」というようにしたい。

よく学生時代にやりますが、「オレは今日百ページ読んだ」、「いやオレは二百ページ読んだ」というのは疾看でありまして、ただ見たかも知れませんが、書物の内容については少しも理解されておりません。試験勉強によくこの手をつかい、終わるとすっかり忘れてしまった、ということはよく経験することであります。

また貪看、むさぼり読んではいけない。読まなくてもよいものをむやみに読む傾向が昨今ふえました。よく新幹線などに乗りますと、小説・週刊誌の類を何冊も買って、あっちを見たりこっちを見たりしておる人がありますが、これは貪看しておるのであります。やはり私たちはすぐれた本を、この『自警』のように、深沈緒密、専一精確に読まなければなりません。

▼行住座臥の訓

色を弁じて起き、夜分にて寝《い》ぬ。此れは是れ終身の大謀。倦労酔飽を以て廃すべからず。若《も》し疾病及び游行同宿有れば亦《また》此の限りに在らず。然《しか》らば必ず厳密謹慎奮激勇往、仮令目倦み意疲るゝも、則《すなわ》ち端厳静坐して工夫を作し、或《あるい》は四更五更に至るも、亦《また》其の意に従って決して初更二更を以て寝ぬべからず。若し寝ぬれば則ち必ず其の故を書す。但し精力を暴使すべからず。亦必ず優游饜飫《えんよ》、精を嗇《おし》み神《しん》を養い、病苦を生ずる勿れ。身体を傷う勿れ。

毎日の生活規則です。物の色がわかるぐらいの夜明けには起き、午後十一時には寝る。十一時を過ぎますと、暦の上では翌日になるので、十一時が夜分といって境です。これは生涯の大きなはかりごとであって、倦んだから、疲れたから、腹がいっぱいだからといって、この規則・習慣を破ってはいけない。しかし病気のときや、友人と旅行していっしょに寝る場合は例外と考えてよろしい。そうすればきっと積極的に気合をもって打ちこむから、姿勢を正してやると、十二時あるいは午前二時になってもねむくならない。すなわち時間など問題ではない。もし寝るのであれば日記をちゃんとつけておくがよい。しかし精力を滅茶苦茶につかってはならぬ。ゆったりと迫らず、みちたりたようないい気持ちで、精力をむだづかいせず、神（心の中の最も奥深い本質的なところ）を養い、病苦をつくったり、身体を傷つけてはならない。

これが終身の大謀であります。

▼言辞を慎む

余固《もと》言辞を慎まず。人と言うに必ず我が底蘊《ていうん》を道《い》う。秘匿を顧慮する所無し。多く機事を泄す。且つ疑惑を惹く。自今浪言せず。多談せず。豁達洞徹の中、必ず患を防ぎ終を慮るの意有り。且つ胸中の磊塊《らいかい》、人に向って吐く所の者は、宇宙間二三人に過ぎず。容易に凡流の与に吐出する勿れ。家に在っては簡黙寡言、妻児奴婢と雖《いえど》も浪言すべからず。戯謔する勿れ。大言する勿れ。非笑する勿れ。然れども亦《また》或《あるい》は其の時有り。

切に之を漫為すべからず。人の短を談ずる勿れ。他邦人及び古人と雖も、亦容易に訾《し》議《ぎ》侮笑すべからず。此の一項甚だ緊要なり。平常工夫を下すも、未だ行い得ず。須く進修克治、溺《でき》を拯《すく》い焚を救うが如くなるべし。寛慢なるべからず。

古賀穀堂自らを書いたものですが、いかにも彼らしい表現であります。自分は元来言葉をつつしまない。人と話をするのに、たしなみ・慎みを欠く。そして秘密の事項でももらしてしまい、疑われたり、おこられたりする。これからはつまらぬこと、よけいなことをしゃべらぬようにして、終を全うすることを考える。そもそも自分の胸中のわだかまりを、本当に聞いてくれる相手は、この宇宙間に二人か三人にすぎない（この辺に彼の太くたくましい気骨が躍動しております）。

故にそれを容易に凡流の仲間に吐き出さない。家では妻子や召使いといえども、これらにべらべらとつまらぬことを言うべきではない。またふざけたり、おどけたりしてはならん。大きなことを言うてはいけない。そしり笑ってはいけない。しかしそうは言うものの、時にはそれが必要なこともある。これは時にはよいが、たえずやってはいけない。人の短所をあげたり、他国人あるいは故人といってあなどり笑ってはならない。この一項は非常に大事であるため、常に工夫をしているが、まだ十分でない。そこで進んで弱点に打ち克つことを、おぼれている者ややけどをした者を救うように急がなければならない。いいかげんにしておいてはいけない。

アメリカのある大学で、家庭の習慣を調査したレポートがあります。家の中で家族が共に食事をし、雑談をするときに、どんなことが話題になるかを調べた面白い記録でありま す。その中で意外に多いのが親戚や友人の悪口──あそこの嫁さんはどうだとか、おやじさんはどうだとか、言って喜ぶという習慣の家が多いことです。次には、家族が集まると、わがままがすぎ、けんかをするという内紛型、特に教育家とか精神家の家庭が、案外冷たく、形式的である場合が多いようです。食卓につくと、「南無妙法蓮華経」とか「主よ」などとやり出すものですから、子供は迷惑そうな顔をして、つい家で両親と食事をすることをいやがるようになります。

そこで古賀穀堂の言葉、「人の短を談ずる勿れ。他邦人及び古人と雖《いえど》も、亦《また》容易に訾議《しぎ》侮笑すべからず。此の一項甚だ緊要なり」──であります。

▼真の自分になる

平常の自警、別に条件あり。一身の病痛固より百千を数う。然れども已上の数項最も切なるのみ。大病今に依然として未だ除かず、故に此れを書して以て自ら警む。但《た》だ

我れの見識、所謂《いわゆる》道学のみに非ず。所謂文儒のみに非ず。所謂英雄のみに非ず。（余甚だ英雄を愛す。其の作為に至っては自ら別有り）所謂宇宙間の千流万家のみに非ず。乃《すなわ》ち開闢《かいびゃく》以来の第一人《ただ》のみ。

以上の六ヶ条はわれわれの日常生活に、まことにぴたりとくる戒めでありますが、その結論、終結がまた大変よくできております。

われわれの平素の自警というものはこのほかにもたくさんあって、ここが自分の病気・痛いところだというのは百も千もあります。しかしながら、以上の六ケ条が自分には一番切実である。ところがこの病痛が今になってもまだとれないので、六ケ条に書きつけて、戒めとしている。ただ自分の考えておることは、道学だけではなく、詩や文をつくることでもなく、また英雄が好きだから、英雄に学ぼうと思うが、英雄の考えともちょっと違う。また宇宙間にはいろいろな人物があって、それぞれ優れたところを持っている。そこで自分はこれらの人に学びたいが、捕らえられたくない。自分は開闢《かいびゃく》以来の第一人になるのだ。

大変な天狗と思われるかも知れません。しかし違うのです。それは第一人を「だい」一人と読むからです。第は「ただ」と読むのです。古賀穀堂の意地悪ユーモアと申せましょう。現在でも世界に三十億の人間がおりますが、自分は二人とありません。これが人間存在の冥利で、個性というものであります。そこで俺は何になるのだ、何をもって存するのだというと、これは真の自分になると、自分の信念・学問・信仰に徹することです。これは大きな見識であります。

世間では自分を見失ってしまって、他人のまねばかりするものですから、ろくな自己ができません。ここにいたって古賀穀堂はやはり偉い。徹底した見識をもった人であると思います。さすがに名君を育てあげただけのことはある、と感心させられます。なかなか洒落落としたところがあって、「琴鶴亭の記」という文章を書いておりますが、何ぞ知らん、穀堂にお琴とお鶴という二人の愛人がありまして、この二人の名をとって亭の名にする等、意外な感にうたれますが、普通の杓子定規の人でない。まことに自由闊達《かったつ》、その半面に謹厳徹底した人でありまして、閑叟侯《かんそうこう》を育てあげました。

この『自警』は、現代の私たちの日常生活にそのまま適用できる傑作であります。われわれの究極は、自分が立派な自分になるということでありますが、昔から教訓や、ことわざにもありますように、一番わからないのが自分で、一番見失いやすいのも自分であります。とんでもない人のまねをしたり、自分をたなにあげて人を責めてみたり、とかく自分自身を失いがちであります。

論語に「古の学者は己を為む、今の学者は人を為む」とありまして、名言といわれております。今の学者は自分を修めぬものですから、結局人もわかりません。カーライルは「人間は、せめて誤解しあうぐらいに理解しあえば……」と言っております。実に人間は人間を理解しない。その原因は、常に自分をたなにあげ、あるいは自分を誤るから、人を誤り、世を誤り、そして遂には国を誤る、というようなことになるのであります。

第8講——真理に洋の東西はない

今回は少し趣をかえて、ヨーロッパの英知ともいうべきものを調べて、今まで勉強してまいりました文献の参考に資したいと思います。

現在、ヨーロッパに比較すると、わがアジアはじつに混沌としておりまして、中でも日本の立場はきわめて微妙であり、ことに地政学的に見て、非常な逆境・難境にあると申せましょう。

ご承知のように日本は島国でありますから、大陸諸国民族のような治乱・興亡についての経験がありません。その意味で、よく言えば善良であるが、悪く言えば未熟でありまして、絶えず不安やら困惑がつきまとう。だから時局がこういう風に複雑になり、悪質化して、戦争も昔のような武力戦ではなくて、もっぱら巧妙な政治戦が行われるようになると、日本は到底彼等の敵ではないのであります。

その点ヨーロッパ諸国は、あの狭い地域に四十カ国もあって、始終戦争と平和、友好と侵略を繰り返して鍛えられておりますから、やはり練れております。その意味で一番危なっかしいのは日本であります。

だから日本人は、この島国の中で、ああでもない、こうでもない等々何とかやってゆける間はよいが、これからの国際場裡、動乱の世界各国を相手にして、商売と政治が一体となる複雑な交渉を進めてゆかねばならぬとなりますと、やはり学問・修養をしなければだめであります。ただ商売が上手だ、経営ができるという程度では商売も経営も長く成立してゆきません。

今後はそういう意味において政治家も事業家も、また思想家・学者にいたるまで、よほど修養しないと日本の繁栄はむつかしくなると思われるのであります。

そこで本日は、私が読書研究の間にこれはと注目したものの中から、若干ご紹介いたしますが、いずれもヨーロッパの教養人ならばよく親しんでおる人物とその名言の中から摘録したものであります。

▼人間の脳は使えば使うほど輝く

われわれは身体よりも精神において一層安逸を貪《むさぼ》っている。

ラ・ロシュフーコー　1613―1680

ラ・ロシュフーコーはフランスの有名なモラリストで文学者でありますが、これを理解しやすく表現すれば、怠けているという言葉が一番適当でしょう。怠けるというと、一般に肉体のことにとりがちですが、実際は精神活動において一層怠けやすいものです。

最近大脳生理学が一つの流行になって、いろいろ研究も進み、人間の脳の神秘な活動が相当解明されるようになりました。それによると、人間の脳というものは、使えば使うほど、困難な問題と取り組めば取り組むほど、よくなる。ちょうど金物を磨くと光るようなもので、人間の頭は使わなければいけないということです。

ところが不幸にして人間は、これを逆に考えております。その上ラジオ・テレビ等による視聴覚文明が発達し、安直にわかる印刷物が氾濫するため、自分の頭を使って考える必要がだんだんなくなって参りました。そこで今日の文明がさらに普及すると、人間はますます馬鹿になるという傾向にあります。

数年前に専門家の出した結論によりますと、私たちは頭脳の能力の一三パーセントぐらいしか使っておらないということであります。

これに関連した問題ですが、先日アメリカの専門家が来日した時に、「日本の教育家は、『子供にあまり早くから教えることはよくない』と言うが、子供は早くから教えるほどよろしい。もの心ついたらどんどん教えなければならぬ」と言って警告しておりました。頭脳を遊休施設にするということは非常にもったいないことです。できるだけ難問題と取り組み、頭を使うようにしなければなりません。

▼利欲は真の富も友もつくらない

美徳は河が海の中に消え去るように、利害打算の中に消え去る。

ヴォーヴナルグ　1715―1747

今日、人間の考えを一番ひろく支配しているものは、利を追う、つまりもうけるということです。何が利か、どうすれば利を得ることができるか、これが生活のすべてになっております。しかし、あまり利を追うと、どんな美徳もこの利害打算の中に消えてゆくもので、東洋でも、「利は智をして昏《くら》からしむ」と言っております。利口馬鹿とも言います。

利欲はいくらも富を作らない、利欲故に柔和な人間は始末が悪い。

ヴォーヴナルグ

ヴォーヴナルグという人は、高貴な精神と、ゆかしい人柄とを備え、若いうちから友達に父と慕われた人でありますが、不幸病のために三十二歳で亡くなりました。友人のヴォルテールは彼を評して、「彼はこの上なく不運であったが、この上なく落ち着いた人であった」と申しております。

富むということは苦労がなくなることではなくて、苦労の種類が変わることにすぎない。

エピクロス　前342—271

エピクロスは有名なギリシャの哲学者であります。

繁栄はいくらも心友を作らない。

ヴォーヴナルグ

金ができて栄えると、知り合いはいくらでもできる。しかし、利害の交わりはできるけれども、それだけでは心の友はできません。

人間はみな利を追うけれども、本当の利を得ることなく、矛盾や錯誤が続出して利が利でなくなるということは、今日の日本をみればよくわかりましょう。終戦後、国をあげて利を追いましたので、なるほどGNPは上がりました。そして貿易は盛んになって、外貨もどんどんたまりました。ところが今、日本はその利で困っております。ここに指摘した数ヶ条がすべて現実の問題となってきました。

これは西洋の箴言《しんげん》でありますが、東洋においても古来、論語や孟子の中にいくらでも論じられておりまして、真理というものは古今東西変わることのない厳粛なものである、ということを改めて考えさせられるのであります。

例えば「利は智をして昏《くら》からしむ」という語にしてもそうです。利ばかりを追及しておると本当のことがわからなくなります。昔から欲ぼけという言葉がありますが、本当にその欲にぼけるのであります。

また論語には「利によって行えば怨多し」とありまして、何事も利益本位にやりますと、知らぬ間に他人に怨をつくる。案外人間は利を追うくせに利で悩んでおるのであります。そういう意味から申しますと、せっかくの人間の美徳が、利害打算の中に消え去る。したがって「利欲はいくらも富をつくらない。繁栄はいくらも心友をつくらない」ということが経験を積めば積むほど考えさせられるわけであります。

▼苦労しなければ人間は成長しない

苦悩は肉体的にも精神的にも人間が成長してゆく為に欠くことのできない条件である。過失や失敗の為にとりみださないように心がけよ。自分の過失を知ることほど教訓的なことはない。それは自己教育の最も重要な方法の一つである。

カーライル　1795―1881

古人に、「成功は常に辛苦の日にあり。敗事は多く得意の時に因る」という有名な格言があります。ちょっと成功したからといって、軽々しく得意になるような人間は、たいてい軽薄で、経験に乏しく、深く反省することをしないものです。

カーライルの言葉のとおり、人間は苦悩によって練られてゆくのでありまして、肉体的にも精神的にも人間が成長してゆくために苦悩は欠くことのできない条件であります。そこで苦悩に敗れたらおしまいですから、過失や失敗のために取り乱さないように心がける必要がある。自分の過失を知るということは、自己教育の最も重要な方法の一つであるとともに、人を教育する者の常に注意すべきことであります。

この頃は麦畑がなくなりましたが、昔は早春になると農民は朝早くから麦畑に出て麦踏みをやっておりました。麦は踏んで根固めをしないと、徒長して、よい麦ができません。植林でもそうです。よい土地にたくさん肥料を施して苗木を下すと、木は徒長して、脆弱で、役にたたぬものになる。そこで荒れ地に苗を密植して、木をいじめ、ある程度成長した時期をみはからってこれを分植する。そして少しずつ自然肥料を与えて、化学肥料はなるだけ避ける。そうすると材質のよい木が得られます。

人間も同様でありまして、なるべく少年時代に鍛えておかないと、徒長して、だめな人間になってしまいます。

近頃甘い母親が育てた過保護の学生が問題になっておりますけれども、昔は中学(現在の高校)の入学試験に親がついて行くなどということはなかった。第一、子供が恥ずかしがって親と一緒に行きませんでした。ところが昨今は大学まで母親や父親が心配そうについて行く。ひどいのになると、入社試験に親がついて行く。こういうことは世界の文明国で日本ぐらいのものでしょう。いかに日本人が甘ったれておるか、過保護になっておるか、ということが世界的な話題になっておりますが、こんなことでしっかりした日本人ができるわけがありません。もっと鍛えなければいけません。

そういう意味で現在の教育をみておりますと、非常に用意が足りません。剣道を例にとっても、昔はまず礼儀作法を教え、それから足さばき、構え、打ち込み等を稽古させて、なかなか試合をさせませんでした。これは柔道も同様であって、まずお辞儀のしかたから、身体の訓練をやって、試合等はよほどあとにならないとさせませんでした。つまり予備教育・準備教育に十分時間をかけたのであります。

学問についてみましても、この予備教育を十分にやり、特に大切な徳性と良い習慣を養うようにしなければなりません。

人間には大別して本質的要素と付属的要素の二つがあって、その中でも本質的要素とは、人の人たる所以のもの、すなわち人間として欠くことのできぬものでありまして、徳性がこれにあたります。これに対して知能とか技能というものは、いくら効用があっても、あくまで付属的要素であります。また習慣・躾というものがありますが、これは徳性に準ずる大切な要素であります。

そこでこれらの本質的要素を無視した知識教育・技能教育というものは非人間教育に走ります。不幸にして明治以降のわが国の教育を考えてみますと、外国の功利的・機械的文明の急激な刺激により、教育はすべて学校本位になって、一番大切な道徳教育・人格教育・躾というものを棚上げにして、追いつけ追い越せの大躍進教育をやりました。その結果、知識偏向・技術偏向の人間をつくったことが今日の日本に大きな影響を与えております。

これは今後も切実な問題となっておりまして、現在アメリカやヨーロッパの指導者、碩学《せきがく》等が論じておるところを注意しておりますと、やはり人間は人間の本質的な教育が必要で、あまり功利的にはしっては滅亡のほかはない、と専門的立場からそれぞれ指摘しております。

環境問題をとりあげてみてもそうです。いまスミソニアン体制という言葉がよく新聞・雑誌等に出ております。数年前、環境問題の専門家会議を名高いスミソニアン協会で開いたところからその名が出ております。

そのときに新進の人類学者でエドワード・ホールという大変卓見に富んだ学者が大講演をやりまして、その最後に彼は――しかし環境環境といっていくら環境を論じてもだめだ。これをつきつめれば各人が自分自身に対する考え方、生き方というものを反省、革新するよりほかに方法がない。自分を棚に上げていくら環境問題を論じてもだめだ。自分の問題として従来の考え方や習慣を思い切って直してゆくことより他に方法はない。――と言っております。たいていの人間は自分を棚に上げて人のことばかり言いますが、やはりこの結論は卓見だと思います。

私が大変敬慕している人物に耶律楚材《やりつそざい》といって、おそらく世界の歴史の中でも第一級の宰相があります。蒙古の成吉思汗《ジンギスカン》が満州を征服したときに、遼という国がありまして、彼はこの遼の王族の一人でありますが、非常に英邁《えいまい》な人物で、その識見と経綸《けいりん》はじつに天才的で傑出しておりました。これが成吉思汗にみこまれてその幕僚となりました。ときに耶律楚材は二十七歳であったと申します。爾来宰相として三十余年にわたって剽悍《ひょうかん》な勃興期の蒙古の君臣をみごとに駕御して、蒙古帝国の建設を実現しました。

この一大英傑が、「一利を興すは一害を除くに若《し》かず。一事を生《ふや》すは一事を減《へ》らすに若かず」と言っております。

これは政治家のみの金言ではありません。軽々しく利を興すより害を除くことを考えなければなりません。

▼自分の分に満足する

いかなる人を賢というか？　あらゆるものから何かを学びとる人。いかなる人を剛（強）というか？　自分自身に克つ人。いかなる人を富というか？　自己の分に満足する人（足るを知る人）。

ユダヤ法典・タルムード――Talmud

これもヨーロッパやアメリカの識者で知らぬ人がないといわれる有名な言葉でありまして、ユダヤの法典といわれる『タルムード』の中に書かれております。

自己の分に満足する、そんな消極的なことでこの生存競争の激しいときにやってゆけるか、とよく人が考えるのですけれども、これは凡人のあさはかさであります。もちろん自己の分に満足すると申しましても、自己の分とは何ぞやというと、なかなか大変な問題でありますが、要するに足るを知るということです。たるという字に「足」を当てていることに注目しなければなりません。なぜ足を当てて手を当てないかということを考えてゆくと、無限に興味のある問題であります。

事足れば足るにまかせて事足らず足らで事たる人ぞ（身こそ）安けれ。

天海僧正

一説には沢庵の作とも言われています。

▼良師・良友は真の宝

最も才能に乏しい者の最も勝れた才能は他の善い行いに従う道を心得ることである。

ラ・ロシュフーコー

フランスの有名なモラリストであり文学者であるラ・ロシュフーコーが知恵も才能も乏

しい者のために一つの救いの道を教えてくれました。すなわち最もすぐれた才能は何かというと、他の善行に従う道を心得ることである、と。ところが人間には、迂濶とか、ねたみ、とかいうものがあって、容易にこれが実行できません。これを行う道はまずもってよい友だちを得ることであります。

誠の友はあらゆる宝の中最大のもの、しかも人々が、それを手に入れようと案外考えない実の一宝である。

ラ・ロシュフーコー

良き師、良き友をもつということは意外にむつかしいものであります。なぜかというと、世に先生と称する者、友人と称する者はたくさんあるけれども、本当の意味の良師・良友は少ないからです。そこで本文にある「誠の友はあらゆる宝の中で最大のものである」ということが理解できます。しかも人々は案外それを手に入れようと考えません。その宝も。

多くの友人は人を交際嫌いにさせ、多くの信心家は人を信心嫌いにする。

ラ・ロシュフーコー

つき合うのがいやになる俗友、悪友、愚友、凡友が多いために、真面目な人は往々にして友人嫌い、人間嫌いになります。民間に流布されている宗教も、その中には狂信者や邪信者等のうるさい人たちがおるために、これまた、信心はいやだというようになりやすい。しかしこれは例外でありまして、やはり本当の師・まことの友というものはあらゆる宝の中で最高であることには相違ありません。

これは必ずしも友交ばかりではありません。政治の世界を見ても同様であります。

▼明確な価値判断の大切さ

世界はデモクラシーが政治屋に堕落させたそんな政治家にくたびれている。

ディスレーリ　1858―1913

イギリスの大宰相であったディスレーリーの名言であります。いかにも政界の長老、経験者らしい言葉です。

今日、わが国も議会制民主主義政治を採用しておりますが、これを一言にして言いますと、議会政治・選挙政治でありまして、その根底は民主主義であります。しかし議会制民主主義というものはどんなものであるかという少し深い知識、自覚になると、民衆はほとんどこれを知りません。これは日本ばかりでなく、アメリカでも、さらに最も先駆者であり、ヨーロッパにおける議会制民主主義政治の本山であるイギリスにおいても、識者はこの問題に悩んでおります。

アメリカは最近選挙権者の年齢を十八歳に下げました。そのため二千五百万人という有権者がふえました。この連中に議会制民主主義政治（デモクラシー）とは何ぞや、政治の使命はいかに、有権者の責任は――等とたずねても、それこそナンセンスで一向に通じません。そこでこの若者たちの票をいかにして集めるかという問題になりますと、次第に政治が堕落するわけであります。

民主主義国家の政治の堕落をみこして共産主義国家は全体主義・権力支配主義・能率主義的迫力でもってこのデモクラシー国家の弱点をついて、積極攻勢に出ております。今後はこの両者の熾烈《しれつ》な戦いであって、既に階級やイデオロギー等は過去の物語となりました。そして現代世界の政治学者、社会学者の等しく肯定しておる結論は、この共産主義政権の攻勢に対して妥協するか、どこまでも非妥協でゆくか、という二つの問題に限られてきたということであります。日本人はこういう問題についても深く考えない。甘い。油断がある。したがって、非常に危険であります。

そこでいかにして日本の政治家を政治屋に堕落させずに、立派な政治家に育てるかということが日本を救う道であります。

正義が強くなるか、強いものが正義になるかいずれかである。それより他に生きる道がない。

パスカル　1623—1662

日本人に最も親しまれているフランスのパスカルの言葉であります。

一方に正義があると知るなら、中立に留まるのは不正である。

カステリー　1781—1862

フランツ・カステリーはオーストリアの詩人であり劇作家であります。

社会には正義と不義の二つがある。本質的にいってどちらかでなければならぬ。正義と不義との間などというものは許されない、ということであります。

ところが日本には、「私はよく知らないが」という挨拶があるように、どうもどちらが正しいかという場合に臨むと、はっきりさせないという悪い習慣があります。何かやむを得ない現実の問題があって、しばらく政策的に中止するということはあるが、本質的正義か不義かとなると、中立は許されない。明確な価値判断が必要です。曖昧ということが一番いけません。

曖昧は誤謬の住む国である。

ヴォーヴナルグ

人間には一種の臆病、あるいは打算というようなものがあって、むつかしい問題、大事な問題ほど曖昧にする。それは不養生と同じことで、後になるとたたります。物事を曖昧にして次第に正確・信念というものを失うと、時の勢いに流されて奴隷的、いわゆる隷属となりましょう。ソ連や中共を見てもよくわかることであります。

戦争は隷属ほど負担が重くない。隷属はしまいにはそれを好ましいことに思ってしまうほど人間を低いものにする。

ヴォーヴナルグ

隷属は戦争より悪いと論じております。実例は現在世界に数多く存在して、非常な悲劇を演じております。日本も他人ごとではありません。よほど真剣にこの事態を直視し対策をたてなければなりません。

これを要するに大衆に求めてもしかたがありません。やはりその国のエリート、つまり国民の中の心ある人々が一人でも多く、自分の思想・自分の生活・自分の信念・自分の行動というものを正しくはっきりさせることです。そうしますと、これが総合されて日本の一つの時代をつくり、行動を決定します。いくら政府や政党が思いつきのスローガンだの政策だのというものをうち出しても、多くはナンセンスにすぎなくなりましょう。

第9講——盛衰の原理原則

この頃の世界歴史、特に思想・言論をよく注意しておりますと、その主流に大きな変化があらわれております。今まではトインビーが有名でありましたが、昨今はスペインのオルテガが注目されるようになりました。そして『大衆の反逆』という彼の著書が盛んに読まれておるのでありますが、彼はその中で、「現代は大衆の世界だといわれ、大衆がもてはやされておるが、大衆というものは大事なものではあるけれども、大衆が時代を創るということはできるものではない」と言って、大衆社会に対するきびしい批判と、これに対する指導者の責任、使命というようなものを彼は冷厳に論じております。

このオルテガの議論は、一貫して易の哲学、易の原理をそのまま思想の基本においているると申してよろしいと思います。

植木というものは放っておくと、必ず枝葉が茂る。枝葉が茂ると、日当たり・風通しが悪くなる。そうすると虫がつきやすくなって大事な梢の生長が止まる。これをうら止まりといって、これに伴って根が上がり、いわゆる裾上がりが始まって、遂には枯死にいたります。そこで植木屋は、絶えず枝葉を刈って、風通しをよくし、日照に注意して、根固めをする。そうすることによって初めて、木は立派に生長するのです。

これはひとり植木栽培の原則であるだけでなく、人類の歴史、文明の原則でもあります。文明というものはある程度まで栄えますと、必ず風通し・日当たりが悪くなり、虫がつき、やがて伸びが止まるばかりでなく、遂には崩壊します。そこでオルテガは「この文明をいかにして簡易化して根源に復帰するかということが、文明の盛衰の別れみちである。そのままにしておけば必ず文明は滅びる。それは今日の大衆社会においてははっきりとあらわれておる。根源の簡素化、すなわち歴史に帰れ」と論じております。

このような思想が近頃特に盛んになって参りましたが、文明というものは高度の発達をしますと、頽廃して、時には異常性を帯びてくる。この状態を東洋の哲学用語では「妖」という字で表現しております。今日、世界はもとより、日本の文明も著しく妖性を帯びて参りまして、ゆゆしい一大事となっております。
ところがこういうことも歴史を調べておりますと、近代の哲学者、思想家ばかりでなく、はるか昔の東洋の哲学者も遺憾なく論じておるのであります。その代表は孔子、孟子でありますが、孔子の没後、孟子と並び称せられて、時にはこちらのほうが権威者であったといわれる人に荀子があります。
この荀子に「人妖の論」というものがありますので、本日はこれについて解明をいたします。

▼荀子の『人妖論』

礼義不修。内外無別。男女淫乱。父子相疑。則上下乖離。寇難並至。「天論編」

礼義修まらず、内外別無く、男女淫乱にして、父子相疑えば、則ち上下乖離《かいり》し、寇難並び至る。

荀子・人妖の論

荀子は「天論篇」の中に人妖を説いて、以上の六つをそのままにしておくと、必ず国は滅びると痛論しております。

礼義不修

「礼義不修」。礼義は礼と義にわけると、礼とは調和で、つまり社会生活、国家生活における組織・秩序であり、その中にあって人間がいかになすべきかという思想・行動の原則が義であります。したがって礼義修まらずとは私たちの国家生活、あるいは社会生活の組織・秩序とそれに即した思想・行動がおさまらないということです。ちょうど現代の日本がこれにあてはまりましょう。

内外無別

「内外無別」とは、内と外との区別がつかぬ、自分の心内と心外、家庭の内と家庭の外、国内と国外の区別がないということです。今日の日本は正にその通りですね。

「兄弟内に牆《しょう》に鬩（せめ）げども、外その侮を防ぐ」と申しますが、その意味で幕末維新の日本人は偉かったと思います。アメリカはもちろんのこと、イギリス、フランス、オランダ、ロシアに至るまで、それぞれ国内の佐幕派、勤皇派に働きかけて誘惑しました。しかし、感心なことに両派とも外国に頼ることを厳として拒否しました。これはたいへん立派です。

ヨーロッパの歴史を見ますと、外国の政策に乗ぜられておるか、あるいはそれを悪用して事態が一層紛糾しておる、といった例がほとんどであります。これをよく実証しているのがフランス革命です。ルイ十六世が宮殿を逃げ出したのが辛亥《かのとゐ》の年であり、これを捕らえてギロチンにかけ、あの惨澹《さんたん》たる恐怖政治を始めたのは癸丑《みずのとうし》の年からでありますが、彼等は目的のためには手段を選ばず、外国勢力でも何でも利用しておる。利用するというよりは、むしろ外国勢力によって操縦されております。

これはひとりフランス革命ばかりではありません。日本も今後これを最も警戒しなければなりません。大にしては国家間のことから、小にしては家庭のことに至るまで、すべてがしかりであります。家庭というものは国民生活の核心でありますから、家庭から内外の別がなくなるということは重大な問題です。ところが昨今の新聞を見ておりますと、その家庭の乱れは実に目にあまるものがあります。どんなに外の生活が混乱しておっても、むしろ混乱しておればおるほど、われわれは家内——家庭生活だけは清く正しく堅持しなければなりません。

男女淫乱

「男女淫乱」。男女関係が乱れるということは民族滅亡の一番の近道です。ところが昨今日本もこれが非常に乱れまして、週刊誌等はこぞってこの種の記事を面白おかしく書いておりますが、大変なことになったものであります。

父子相疑

「父子相疑」。これは今日最も深刻にして根本的な問題であります。父子相疑とは何ぞや。母子相疑でなくて父子相疑と書いたところに荀子の見識があります。教育ママという言葉が表現するように終戦後子供の教育はもっぱら母親がこれにあたり、父親はその責任から解除されました。これが現在日本の一つの大きな失敗であります。

子供の教育について考えますと、父と母とは非常に違い、父の任務は子供の人格を決定する教育を担当することにあります。そこで父は子供の「敬」の対象にならなければなりません。子供は愛だけではだめであります。愛は犬や猫でももっておりますが、特に人の子は生まれてもの心つく頃から「敬」することを知って、初めて「恥」ずるということを知ります。言いかえると人格というものができるのです。この「敬」―「恥」の原理から、道徳とか信仰等という世界がひらけて、民族が進歩してゆくのであります。

その国民道徳の基盤である父子――親子が相疑うようになる。おやじの言うことがどうも信用できぬ、あんなことでおやじはいいのだろうか、等と子供が父に疑いをもつ。また父も、どうせ時世が違うのだ、おれの言うことなど聞かないし、聞いてもわかるまい。いったい子供は何を考えておるのだろうか、というわけで子供を疑うわけです。そうなると子供は父にそむき離れます。

上下乖離

それが「上下乖離《かいり》」ということです。乖離ということはただ離れるだけではありません。ただ離れるだけですと、また結合することができますが、これは再び元にもどすことができないという決着の言葉です。

いま日本は各方面において「上下乖離」しております。その最たるものが政府すなわち内閣に対する乖離であります。大阪弁で「頼みまっせ」、「頼りにしてまっせ」と言いますが、父親とか為政者というものは国民大衆から頼りにされ、尊敬されなければいけません。これが行われぬということはそもそも為政者の責任ですけれども、また、為政者に対してそういう国民の反感をあおるような議論にも責任があります。これは言論機関にある者の第一に慎むべきことです。

寇難並至

さて、上下が乖離するようになると最後は、「寇難《こうなん》並至」。いろいろ寇難が並び起こってくる。「寇」は外敵、外国からの攻撃。「難」は国内のむつかしい問題です。つまり国の内外を問わずいろいろ厄介な問題が並び起こってくるわけです。

これが荀子・人妖の名論といわれておるものであって、歴史的にも間違いのない原理・原則です。これを何とかしてもう少し常識的・良心的に健康にもどさなければ、日本は正に歴史の教えるとおり寇難並び至ることをわれわれは覚悟しなければなりません。いかにすればよいかということはこれらの古典が十分に教えておりますから、問題はこれを今日の時世にいかに適用するかということであります。

幸か不幸か今年は時局が一層悪化して、いわゆる危局になるということは免れ得ないと思います。その代わりにこれを善処すれば日本は一段と躍進するでしょう。その重大な岐路が本年でありまして、これは指導者、指導層の責任であります。政府でいうならば総理大臣をはじめ各省大臣、会社でいうならば社長をはじめ各重役、こういう人たちは「揆」における人ですから、この人たちの責任としなければなりません。世の中が世の中だから、マスコミが騒ぎたてるから、等というのは逃げ口上でありまして、今まではそれですみましたが、これからはそれではすまなくなりました。もう、そういう逃げ口上、憶病な引っ込み思案、卑屈な回避は許されないのであります。

いつも申し上げますように、日本ぐらい国際政治学上微妙な位置に存在する国はありません。西と北には共産主義国家の中共、ソ連、それに北鮮がならび、また海を隔て、東にはアメリカがあります。アメリカは現在一番の友好国でありますが、ついこの間までは大戦争をやった敵国です。ということは率直に言って、日本がしっかりとしておってはじめて友好国であるということで、一度弱体を暴露いたしますと、どうなるかわかりません。だから、もし日本が揆《き》を誤るようなことになると、おそらく世界のどこの国にもないような国難、混乱、悲劇が始まることは明らかであります。

われわれは、どうしてもこれを避けなければなりません。もちろん、それにはやはりそれだけの国民的自覚が必要であります。これは少なくとも心ある人々が意識し始めている問題でありまして、事業の経営なども今後はますます変化が激しくなってむつかしくなると思います。したがって皆さんは文字通り揆を一にして、大いに事業を確立し、堅実に発展するよう努力されることが肝腎であります。現在多くの人々がそういうお手本を待ち望んでおります。どこかによい手本がないかと皆考えているときでありますから、非常な共鳴力がありましょう。それ以外に今日の日本を救う道はないと信じます。

▼何事もまず根本が大事

前に、荀子の人妖論に触れましたが、日本国内の情勢は、どうも荀子の説のように急激なテンポで悪化していると申さねばならないと思います。

ところで、先日私たち師友協会の先哲講座でも講じましたが、『史記列伝』の中に「貨殖伝」というものがありまして、もっぱら経済問題を論じております。その中に「富」というものを本富・末富・奸富の三つに分類して、具体的に「富」を論じております。

『呉子』にも、「本に反る」とか、「始に復る」とかいう言葉がございますが、本末の論というものは、西洋でも東洋でも同じことであります。特に東洋においてはそれが思考の一つの原則として重要なものになっておるということができます。

本末を明らかにするということを木に例をとりますと、根・幹が文字通り根本、本であり、枝葉・花実はすなわち末梢、末であります。そこで木というものを本当に培養し繁茂させるためには、根固め、幹の手入れが一番大切であって、これから生ずる枝葉であるとか、あるいは花・実というものは、いかに美しく、いかにおいしくとも、やはり末であります。根を大事にし、これを養わなければ、枝葉・花実を立派にすることはできません。この根本を確立し培養するためには、常に枝葉・花実があまり茂りすぎないように、つきすぎないように、上手に剪定《せんてい》、果決することが大切であります。

そこで文明を樹木の手入れにたとえますと、これは大変難しいことでありますが、今、一本の木として考えてみましょう。枝葉が繁茂して美しい花をつけ、よい実がなるという利益の面からしますと、どうしても花や実が主になり、これに目をつけ、心をとられ、あるいは利益・打算というものが強くなって、花実をほしいままに咲かせたりならせたりしますので、必ず根は傷んでしまいには枯れてしまいます。文明もそうでありまして、成りゆきにまかせ、繁栄にまかせておりますと、意外に早く、アメリカ流にいえば、「繁栄の中の没落」が始まります。

近頃、「繁栄の中の没落」という語が流行語になっておるようでありますが、私が皆さんにご紹介したのはもう数年も前であったと思います。じつはわれわれが今日、一番警戒しなければならぬのはこのことでありまして、残念ながら日本も繁栄の中に没落する憂いが多分にあるのであります。ご承知のように、やれ所得倍増であるとか、大躍進であるとか、あるいはGNPがどうだとか、いうようなことを言っておるうちは景気もよくて、口を開けば経済の繁栄を謳歌しておったのでありますが、それが数年も経たぬうちに今日のこの有様であります。物事というものは、盛んになりっ放しということはないので、やがて時期がくると、必ず弊害が現れて逆転するということは、歴史の示す真理であり、ある意味では必然的な問題であると申してよいと思います。やはり、長い歴史と人間の英知とから生まれた真理とか教えというものは、貴いものであります。

しかし先覚者や識者がいち早くこれを看取して警告しても、なかなか俗人は聞きません。

俗人は明らかにその徴候が出ないと気がつきません。健康や病気と同じでありま す。早く気がついて、適当に処置をし、養生すれば、そう病気になるものではあり ません。たまたま病気になっても、容易に治るものです。ところがそれができない。 どうも俗人というものは、手遅れだといわれるような危局・危機というところまで ゆかぬと、本気になりません。これは人間の弱点であり、また栄枯盛衰の歴史の常則 であります。そういう意味から申して、昨今の日本の状態はまことに残念であると同 時に、また非常に心配しなければならない点であります。

▼〃本〃を忘れ〃末〃に走る危険

この頃、ヨーロッパやアメリカの時局に関するいろいろな評論・随筆などを注意しておりますと、そういう意味においてじつに深刻、真剣になってきております。したがって経済問題についても、従来のような単なる経済現象に関するニュースとか、論評というようなものではなくて、経済哲学といわれるものに深くなっておるようであります。私の読みました中にも、ちょうど、司馬遷が『史記』の中で論じておるような事柄がいくつも目に映りました。

そこで問題は本富ということであります。本富の本という字は、もともとは木のもとという意味で、中の一は根のしるし、つまり枝や葉に対して根であることを表しておるわけです。また「富」の字は、宀＝家屋の中に畐＝財物、と言っても古代人はもっぱら農耕生活ですから、その収穫物を積み上げた象形文字であります。

そこで富むということは、蓄積が多いことが根本だということがこの文字でよくわかるのであります。国家的に申しますと、資源が豊かでなければならぬということを現しておりますので、その富の根本的なものを本富というわけであります。

これは単に資源ばかりではありません。経営の上からいっても、自らそこに本末があるはずであります。ところがその経営の根本から見て、ずいぶんこれを誤った企業が多いようであります。自転車操業等という言葉の通り、いろいろの手段・技術にはしって、かなり危うい芸当をやっておりますことは、皆さんもご承知のとおりであります。その経済の根本の豊かなことを「本富」と申します。

これに対して、輸入がどうだ、輸出がどうだ、円がどうなった、ドルがどうなったというようなことは、つまり枝葉・花実であり、したがってその結果、国民の総生産―ＧＮＰがどうなったというようなことも、これは根本に対して末梢でありますから、「末富」であります。

ところが経済の変動に乗じて、いかにも打算的に、狡猾に、あるいは機敏に、いろいろと手段を弄して大儲けをする、あるいは株の売買をやって巨利を博するというようなことは、これを「奸富」と申します。奸の字は姦でもよいのです。姦は多くの女を操縦するという字で、男の方の悪いことを表し、奸のほうは、求めるという意味があって、女が何か物がほしい時にいろいろ手段や方法を講じてその欲望を遂げようとする、つまり女のほうの悪いことを表す文字です。だから奸富・姦富どちらでもよろしい。そこで経済界が本富から末富に走ることは、特に奸富になることは、最も危険であり、最も誡《いまし》むべき恥ずべきことであるということを、すでに中国の漢の初めにおいて司馬遷がこれを明らかにしておるのであります。

▼道とは〝本に反り始に復る〟こと

道とは本に反《かえ》り始に復《かえ》る所以なり。義とは事を行い、功を立つる所以なり。謀とは害を違《さ》り、利を就す所以なり。要とは業を保ち成を守る所以なり。

呉子はいうまでもなく孫子と並び称せられる人で、日本にも大変影響を与えております。戦争、および政治戦争、つまり戦略・政略の大家でありまして、事実彼は名将軍であり、また、春秋時代を通じて代表的な思想家・行政家でもありました。この点、孫子とは少し趣を異にいたしますが、確かに孫呉といわれるだけに、優れた実力のあった人物でありま す。そして孫子のほうはよくわかりませんが、呉子はかなりわかっております。何をやら せても俊敏にしてきわめて有能な人であったようですが、ただ徳という点になると、やや 憾《うら》みなきにあらずというところがありました。

魏の国で非常に重用されておりましたときに、たまたま宰相――総理大臣の任命問題が 起こりまして、呉子は、名は起でありますが、自分に決定されるものと思っておりました ところ、ライバルに田文という人があって、この田文が呉起の期待に反して任命されまし た。そこではなはだ面白くないので呉起は直接田文にあって詰問しました。その記録はた いへん面白くて参考になります――。

呉起「君と俺と、一体どちらがよくできるか、比べてみようじゃないか。今までずい ぶん戦争をやってきたが、君と俺とはどちらが戦略・戦術に長《た》けておるか」
田文「それは君のほうが長けておる」
呉起「では、行政にかけてはどうか。外交にかけてはどうか」
田文「それは君のほうが長けておる」
呉起「それじゃオレのほうが君よりずっと有能じゃないか。しかるに君が宰相の重職 をうけるとは何事か。どうしてオレを推薦しないのだ」

田文「今やわが国は先君が亡くなられて、若い後継が即位されたので、どうなることかと役人も民衆も心配しておる。その上他国もこれを虎視眈々として注目している。こういう国をあげて内外ともに不安動揺の中にある時、宰相として俺が適任か、君が適任か」

（呉起はしばらく考えこんで、）

呉起「うーん、そうか、わかった。それは君のほうが適任だ」

こういういい問答が列伝の中にありますが、これは呉起と田文だけの問題ではなくて、日本の国政、産業界にも、もちろんあることであります。頭が良いとか才能があるとかいうことと、人が信頼し安心するという徳の問題とは、自ら別であります。こういう意味におきまして呉子という人はとかくの批評はあるけれども、なかなかの人物であります。また、この呉子という書物はわれわれに具体的に参考になる書物であります。

「道とは本に反り始に復る所以なり」。花や果実の例でわかりますように、木が本当に茂るということは、常に根を培養して、枝葉末節をうまく始末しなければなりません。これが道であります。この道に基づいて事を行い、功を立てるのを義といいます。義は宜と同じでありまして、本によって枝葉末節の処理ができ、これをうまくやると功を立てることができる。しかしそれにはそれだけの思慮・分別がなければならない。そうすると害がなくてよい結果が得られましょう。その結果最も大切なことは、できあがったものを保持してゆくことである。事業というものは、なかなか虚業が多いために保持・維持することは難しい。特にできあがったものを維持することは一層難しいものです。

まことに簡にして要を得た説明であります。これを政治に活用しますと、政道とは常に本に反り、始に復らなければなりません。賢明な政策、あるいはまつりごとは、そのようにして着々と功を収めることができましょう。

▼外国といかに交わっていくか

左伝の名論――信以て義を行い、義以て命を成す。小国の望んで懐《なつ》く所なり。信知るべからず。義立つ所無し。四方の諸侯誰か解体せざらん。

外国といかに交わってゆくか、という対外政策について、左伝にこのような名論があります。国家間にも信というものがなければならない。その信から、われらいかになすべきかという手段、政策等の問題すなわち義が生じ、これを遂行することによってできあがるのが命というものである。こういうふうに命は存在であり、活動でありますが、これが信義によって行われますならば、何を考えておるのか、何をするのかわからぬというのではなくて、そこにはっきりと変わらぬ信念というものがあり、道義というものがあるので、信頼でき安心してつきあうことができるのです。これは不安な小国の望んでなつく所以《ゆえん》である。反対に、どう変わるかわからぬ、利のためには何をするかわからぬということになると、四方の諸大名は友好同盟を結んでおる等といっても、そんなものはすぐ破棄してあてにしない。こういうことを左伝の成公八年のところに論じておりますが、今日もそのとおりであります。

▼義を正さなければ世界は救われない

多元的国家論と階級国家論
大衆に関する定論――大衆の反逆・野蛮への後退、革命の結論

最後に「多元的国家論と階級国家論」というものをあげておきましたが、これもお話をいたしますと、それだけで何時間も必要とする大きな問題ですが、簡単に申しますと、国家とは何ぞやということに関しては、従来から一般の知識人は疑惑のない一つの国家観を持っておりました。これは一元的国家論というものでありまして、その国の成立、歴史、文化、民族というものに基づき、国家というものは民族がつくる、つまり自然的に生成発

展したものであるという考え方であります。これに対して、国家というものは、ちょうどわれわれが家庭をつくったり社会をつくったりするのと同様に、必要のもとに人間がつくった組織の中で最も代表的に発達したものであるというように、他の契約や、組織の団体と同質のものであるとみる、これが多元的国家論です。

その最も深刻な癖のある考え方が階級国家論であります。人間には階級があって、例えばプロレタリア、ブルジョア等に分けますが、その中でいろいろの特権を持った支配階級が自分たちに都合のよいようにつくり上げた権力支配機関を国家だという考え方、これが階級国家論であります。現在でも、国家とか、政府というものに対して階級感情、階級意識をもってこれを否定しておるのが共産党であります。

したがって彼等は君主はもとより、天皇まで国民と対立する存在であるとして、これを打倒し、これを廃止しなければ国家の進歩、人民の勝利はないと考えておる。そして大衆に着眼して、それは結局大衆の世論、動向であるとして、戦後、一時大衆社会ということがやかましく言われ、選挙も大衆の投票、社会も大衆の組織という論が非常に普及しました。

これに対して、スペインのオルテガは次のように述べております。

「大衆というものは、心理学、社会学の上からいっても、見識だの、信念だの、道義だの、というものがない雑然たる多数であるから、どうしても堕落する。そこで大衆を放任すると、欲望が先に立って、生活が煩瑣《はんさ》になり、混乱して、文明も頽廃・堕落する。この文明と社会生活・人間生活の混乱、すなわち枝葉末節の混乱をいかに剪定して、これを簡素化し、根元に復帰させるか、ということが文明と人類の運命を決する問題である」。

これは私たちが東洋の易の哲学を通じてよく解説いたします、そのとおりの原理に基づいて、近代社会の誤れる僻論《へきろん》というものを正しておるわけであります。

いずれにしても、このまま推移いたしますと、どうしても大衆が放縦、混乱、闘争にはしり、人間社会は野蛮へ後退してしまって、ついには忌むべき破壊革命が始まります。そこで結論を申しますと、呉子にあるように、人間としての本に反り、始に復って事を行い、功を立てるにはやはり義というものを正さなければ、この世界は救われないということであります。その意味において呉子の論は、真理に古今も東西もないということを立派に証明する議論であるということができます。

第10講―『言志後録』―佐藤一斎

　今回は、佐藤一斎先生の『言志四録』の中の言志後録から、これはと思うものを幾つか摘出してご紹介いたしたいと思います。後録は彼の六十代の文章で、十分世の中の事に通じた年頃の筆ですが、これを読みますと、ことごとくに現代にも切実な指針を示してくれます。

　一斎先生につきましては、今までたびたびふれましたのでよくご承知と存じますが、当時の碩学、大教育者であると同時に、政治に対しても立派な見識家でありました。

　また、教育方面を見ましても、塾生の中に名高い佐久間象山や山田方谷をはじめとして、なかなか多くの人材がその門より出ておりまして、先生の教育がじつに生き生きとしております。

佐久間象山は信州松代藩士でありますが、非常に利かん気の峻烈な性格の人でありました。象山はしょうざんではなく、松代に「ぞうざん」という山があってその麓で成長したから、ぞうざんといわなければならぬという説もありますが、象山の長老がやはり「しょうざん」と言っておったそうですから、しょうざんでよいということになっております。

一方の山田方谷については、かつてその著『理財論』をこの講座でご紹介したことがあります。

さて、一斎先生の『言志録』はじつに立派な有益な書物でありますが、その後録の中にこういうことを言われております。

▼道も学も活きものである

道もとより活物、学亦活物。

われわれが実践すべき道というものは、人間はそれによらなければ目的地へ到着することができませんから、これは生きものである。同じように学問も、死んだもの、機械的なものはだめであって、生きものでなければならないと言うのです。何でもない簡単な言葉のようでありますが、きわめて大事なことです。道だの学だのというと、ともすれば議論倒れになり、論理的知識、功利的知識になって、現実処理にむかぬことが往々です。それでは生きた人間を養うことができません。僅か数文字にすぎませんが、無限の内容を含んだ見識のある言葉であります。ひるがえってわれわれはどれだけ活学してきたか、活道に従ってきたか、ということになりますと、はなはだお恥ずかしい次第でありまして、こういう世相でありますだけに、一層この言葉が味識されるのであります。

▼ものを見るときの三つの原則

一物の是非を見て而して大体の是非を問はず。一時の利害に拘《かか》わりて而して久遠《くおん》の利害を察せず。政を為す此の如くんば国危し。

ものをみるのに「三つの原則」があります。一つには、できるだけ目先にとらわれないで、長い目でみる。二つには、できるだけ一面にとらわれないで、多面的に、できうれば全面的にみる。三つには、枝葉末節にわたらないで、根本的にみる。この三つであります。

そこで一物の是非を見て大体の是非を問わない、一時の利害に関わって先々の利害を察しないということは、つまり全面的に見ない、長い目で見ない、根本的に見ないということです。こういう調子で政治をやると、国が危ういのも当たり前であります。

金大中事件を例にとります。この事件は論理的に追及してゆきますと、主権の侵犯というような大変な結論も出るのですが、一斎先生のこの教えに従って申しますと、きわめて慎重に考えなければならない、容易ならぬ問題であります。およそ国家と国家との間の問題というものは重大なものでありますが、とりわけ日本と韓国の間は、複雑微妙な問題がありまして、日本国内には六十万の、おそらく実数はもっと多いと思われますが、韓国人――南北の朝鮮人がきておるわけであります。そうして大体十二万人ぐらいは、日本婦人と結婚し、五〇パーセント以上が北鮮系でありまして、それぞれ南の方は民団、北の方は朝鮮総連というものをつくり、お互いに対立しております。

明治以来朝鮮の歴史を考えてみますと、第一は、袁世凱《えんせいがい》の手が京城政府に延びたというので、結局日清戦争になりました。またロシアの手が鴨緑江に及んだというので、日本の国運を賭した日露戦争になったのであります。つまり朝鮮のために日本は二度にわたる大戦争をしたわけであります。歴史的にみて日本と韓国とは、全く運命共同体でありまして、これを多面的、全面的、あるいは根本的に見ますと、現在起こっておる韓国との問題は、よほど慎重に処理しなければなりません。一時の利害にかかわって、先々の利害を考えないような政治ではなくて、もっとどっしりと腰を据えた、目の利く、力のある政治をしなければなりません。これは国家の政治ばかりでなく、事業の成否も、われわれの私生活も、みな同じことであります。

▼一利を興すは一害を除くにしかず

一物を多くすれば斯《ここ》に一事を多くす。一事を多くすれば斯に一累《るい》を多くす。

古今の大宰相であります耶律楚材は、前にもふれましたが、「一利を興すは一害を除くに若《し》かず。一事を生《ふや》すは一事を減《へ》らすに若かず」と戒めております。

人間には功名心と同時に、不快でうるさいというようなことを回避する本能があります。いわんや政治となりますと、なるべく一利を興すことによって功績をあげたい、人気を集めたい。一害を除くというようなことは、とかく抵抗があったり、副作用があったり、それに第一あまり目立ちません。とにかく一事を減ずるということはやりにくい。行政整理というようなことでもそうです。冗員《じょういん》の整理淘汰が必要であっても、なかなかこれができません。まして人気というものを考えますと、何か大向こうをあっと言わせるような大きな事件を取り上げたいものですが、それはたいてい逆になる。「一物を多くすれば斯《ここ》に一事を多くす」で、それからそれへと煩瑣《はんさ》になり、事を多くするとそれだけ累《るい》になってゆくものです。

この夏私どもがやりました全国師道研修会に——これは毎年日光で開催しております——出席された同地の有力者が、この人もご多分にもれずゴルフをやっておられるそうですが、しみじみこういう話をしておられました。

「今、私は自分の好きなゴルフというものについて非常に考えさせられておる。栃木県には現在ゴルフ場が十八もあって、正直いって多過ぎるくらいです。ところが県庁に提出されているゴルフ場の許可を求める件数は八十を超え、しかもそのほとんどが許可になる見込みであると申します。こうなると県内の山林は破壊されてしまう。ゴルフ場は芝を植えるから、緑化に協力することではないかと陳弁《ちんべん》しますが、そのために丘や山を崩したり、木を切ったりしなければなりません。そもそもそんなにゴルフ場をつくってゴルフをする必要、余裕がどこにあるのか。理性的に考えると大変不思議なことです。しかもこれは栃木県だけの問題ではなくて、おそらく全国いたるところで起こっている現象のように思われます。公害問題のやかましい時、これはとんでもない実例の一つであって、まことに憂慮にたえません」

ということを訴えておりましたが、こういうことがいたるところにありまして、日本列島改造が、日本列島壊造になっております。これは政治、経済等すべてがそうでありまして、ことに日本のような国では深刻な問題と申さねばなりません。

▼利害は義理にもとづく

君子亦《また》利害を説く。利害は義理に本づく。小人亦義理を説く。義理は利害に由る。同じく云う。真の功名は道徳便《すなわ》ち是なり。真の利害は義理便ち是なり。

どうかすると、君子――人格者、民衆の指導者、立派な教養のある人、地位・名誉ある人、こういう人は利害などというものは説かないように誤解する者がある。人間には利害というものが当然あるもので、したがって君子も利害を説く。しかし、君子の説く利害というものは、義理が根本である。つまり道理や、筋道にかなっているということが条件であるというのであります。

義とは、いかになすべきかという実践の法則であり、理とはその理由であります。義理という言葉は、日常用語になっておりまして、義理がたたんとか、義理が悪いとかといいますが、これはきびしい道徳的用語であります。

また、こうも言っております。

君子のいう本当の功名・手柄、あるいは名誉等は誰もが感心するものであるが、これは人間としていかにあるべきかという道徳である。また人間が当然、実践するにあたって従わなければならない理法・法則、これが義理である。

つまり、本当の利益というものは義理にかなうものでなければならぬということです。これは疑うことのできない真実であります。ところが世の中の利害というものは大抵義理に反して打算にはしる。これが問題であります。

最近、このままでゆくと人間はだめになるというような、議論や著述が流行しておりまして、少し大きな本屋に参りますと、公害から始まって環境問題等の書物が、それだけで専門の書店が一つできるぐらいにたくさん出版されております。また早くもこれに対するきびしい批判も出ております。いずれにしてもこういうことは、各人の心がけを直さぬ限り、いくら公害論や処理論をやってもどうにもなるものではありません。やはりそういう識見と、これを実践する勇気をもった優れた人々が、それぞれの位に立って、賢者を尊び、よくできる人間を使ってゆくということより他に方法はありません。

▼〃敬〃と〃誠〃は一体のもの

有為にして而して無為なる之を敬と謂う。無為にして而して有為なる之を誠と謂う。

今、前項の終わりのところで、議論よりも何よりもまず実践する勇気をもった優れた人々が、その位におることが必要であると申しましたが、それは今日の政府をみてもよくわかります。内閣の各大臣もそうですが、とりわけ首相、総理といわれる人はよほど勇気がなければ何もできません。その勇気はどこから出るかというと、これは利害打算からは出ない、やはり人間としての敬虔な精神から出るものです。敬というものは、分散した精神ではなくて、道とか理想に対した時に全精神から生ずるものです。

これを孟子は「敬は勇を生じ、勇は義に因って生ず」と言っております。われらいかになすべきかという正しい良心が義でありますから、それによって初めて勇というものが出るので、利害打算などから決して勇は出るものではありません。

一斎先生はその敬を説いて「有為にして無為」、きびきびと大事な問題を処理してゆくとともに、やましいこと、道でないこと、真理に反すること、そういう本末を転倒したようなことはしない。これが敬だと言うのです。有為とは道よりいえば無為であるが、現実の社会生活からいうと有為であります。利害打算、けちな欲望、あるいは手練手管というようなものを超越する、これが無為である。そこで初めて事をきびきびと処理することができるから有為であります。つまり無為にして有為なのが誠であるということになる。その有為は結局無為に基づきますから、これは敬であります。したがって敬と誠とは一体のものであるということになるわけです。

▼多才多芸なる者が世を乱す

君子にして不才無能なる者之有り。猶《なお》以て社稷《しゃしょく》を鎮むべし。小人にして多才多芸なる者之有り。祇《ただ》以て人の国を乱すに足る。

人柄がたいへんよくて立派であるが、才能がなく、仕事がきびきびとできない人があります。たとえ不才無能であっても、君子というものは、そんな才能の有無にかかわらず、国家・社会を鎮める、安定させるだけの功徳があります。本当にできた人であれば、多少仕事ができなくとも、その人の存在だけで重量、すなわち安定性があります。

上に立つ者が、小うるさくて、下にまかさず自分でやってしまうと、下にいる者はまことにやっかいで、そういう人に限って人を皮肉に見たり、軽んじたりしがちであります。こういう人は一部局というような地位では有為有能でありますが、多くの人間を包容して活用してゆかなければならぬ立場に立ちますと、この有為有能がむしろ害になることがよくあります。知恵才覚といったものはあまり外へ出さないほうがよいということは、言うまでもありません。人間的に立派な人は、才能というような点から批評するといささか鈍であっても、こういう人はその社会なり、会社なりを落ち着かせる力があります。

これに反して、「小人にして多才多芸なる者これあり」。人間はつまらぬけちな野郎だけれども、なかなか才もあれば、芸もある、という人がおる。これは「君子にして不才無能なる者」とよい対照であります。小人で多才多芸の者は、とかく国を乱す。こういう者は、小さな知恵だの才だのというものはあるが、人間ができていないので、世を乱します。その極端なものが煽動家であります。現在はこういう小人にして多才多芸なる者が社会の各層に多くおります。

▼人言を受ける者、受けない者

能く人の言を受くる者にして、後一言を与うべし。人の言を受けざる者と言うは、祇《ただ》以て尤《とが》を招く。益無きなり。

（参考）子曰く、与に言うべくして而して之を言わざるは人を失う。与に言うべからずして而して之を言うは言を失す。知者は人を失わず、亦言を失わず。『論語』「衛霊公篇」

よく人の言うことを受け容れる者であって、初めて一言を与えることができる。つまり言って聞かせることができる、教えることができる。人の言を受け容れることのできない人間と話をすることは、無駄であるばかりでなく、かえってそのために罪をつくる。この言葉はちょうど『論語』の「衛霊公篇」にあります。

その人間と一緒になって大いに議論をする。しかし何も言わないでいると、あれは駄目だといってその人から見放される。反対に、とんでもない人にしゃべってしまったために、他に漏れたり、あるいはとんだ結果を惹起《じゃっき》する、ということはよくあることである。本当の知者というものは、人を見損なわない、と同時にまたむだな言葉を使わないものである。そのとおりであります。

▼心がけしだいで俗事にもなり風流にもなる

此の学・意趣を見ずんば、風月を詠題するも亦《また》俗事なり。苟《いやし》くも意趣を見れば、料理残穀も亦典雅なり。

学問をしても、人間が垢ぬけせず、俗物であると、たとえ風流というものを取り上げても、それは俗事になります。その人にどこか精神的な趣があると、たとえ話が食い物や金のことであっても、どこか垢ぬけております。昨今、茶の湯、活け花などというものがたいへん流行しております。これをみていると、時には虚栄、奢侈《しゃし》にすぎないようなところがありますが、しかし茶の湯、活け花というと風流と解釈されます。食い物の話や金銭の話となりますと、品がないとされます。しかし人間が垢ぬけして、心がけがよければ、いかなる俗事でも風流になるし、心がけ、人物次第で、どんな風流でも俗事になります。

▼真に事をなす者は人間通でなければならない

寛にして縦ならず、明にして察（悪い意味で、ほじくる意）せず、簡にして麤《そ》ならず、果にして暴ならず、此の四者を能くして以て政に従うべし。養望の人は高きに似たり、苛察の人は明に似たり、円熟の人は達に似たり、軽佻の人は敏に似たり、懦弱の人は寛に似たり、拘泥の人は厚に似たり、皆以て非なり。

上に立って人を指導し使ってゆくことは難しい。そこでまず四つの事ができて初めて上に立って政治をとることができます。

第一は、ゆるやかであるがしめくくりがある。次に、よくわかっておりながら、うがち過ぎない、たち入らない。第三は、簡潔ではあるけれども、粗雑でない。最後はきびきびやるけれども、荒々しくない。――以上の四つの事ができて、初めて政治をとることができる。

「養望の人は高きに似たり」、自然ではなく、自分の作為で人気を集めるというような人は、一見したところ、立派な高い人のように見えるものである。あるいは細部に気がつき、うるさくほじくるような人は頭がよいように見え、円く練れておると思われる人は、達人のように見え、軽々しい人は、小才が利くので、頭がよいように見えます。また、引っこみ思案の人は寛大に見え、始終ものごとにとらわれてきびきびしない人は、いかにも人間が厚いように見えますが、これらはすべて似て非なるものである、というのです。

私たちの周辺を見渡しますと、このような人がたくさんおりますが、これを見分けることは困難であります。政治というものは要するに人間をどうするかということにほかなりません。人を用いること、人を治めること等すべて政治の内容は、つきつめると人間であります。しかし人間というものは、他の動物と違って複雑でなかなか難しい。そこで人の上に立つ者、真に事をなす者は、人間通でなければなりません。と言ってその人間通に悪ずれしてもいけません。誠でなければならぬので、非常に難しいのであります。

▼人生成功か失敗かの分かれめ

婦人の齢《よわい》四十、亦《また》一生変化の時候と為す。三十前後猶含羞、且《かつ》多くは舅姑の上に在る

有り。四十に至る比《ころ》、鉛華漸く褪《あ》せ、頗《やや》能く人事を料理す。因《よ》って或《あるい》は賢婦の称を得ること或は此の時候に在り。然れども又其の漸く含羞を忘れ、修飾する所無きを以て、或は機智を挟み、淫妬を縦にし、大に婦徳を失うも亦多く此の時候に在り。其の一成一敗の関猶男子五十の時候の如し。予め之が防を為すを知らざるべけんや。

一斎先生の婦人問題に関する卓見であります。女の四十という年齢は、生理的にも心理的にも一つの変化の時期であります。三十前後までは、女は女らしい恥じらいというものを持っております。これは特に女にとって美徳であります。

大体人間は敬――尊敬と、知恥――恥を知る、すなわち敬することを知り、恥ずることを知るというところから、動物以上にやるわけであります。人間と動物のボーダー・ラインは敬と恥であります。なかんずく恥ずるということは、男にとってももとより本質的な道義・道徳心ですけれども、特に女には大事な徳であります。

男は元来陽性ですから、どちらかというと、外へ伸びるほうですが、女は陰性ですから、内に含む、すなわち内面的・内省的であることが本質です。そこから自ずから生ずるのは恥を知る、恥じらうということで、それが体に反映するのが「羞」という字であります。恥は、どちらかというと心理的でありますが、羞は体に表現された恥じらいを申します。

そこで含羞と申しまして、含という字がきわめて大切であります。しかしあまり露骨に出ると、また少し問題があります。

本文に戻りまして、三十前後というと、まだ年が若いから、家には舅も姑もおるが、四十ぐらいになると、家事に追われて、化粧もせず、なりふりをあまりかまわなくなる。そして世間のつきあいや、家事について、きびきびとやるようになるから、あれはよくできた女だ、よい奥さんだといわれる。これはよい一面であります。しかし別の面では、横着になり、ずうずうしくなって、なりふりかまわぬようになる。そうなると地金が出て、よく気が利き、頭が働くものですから、ついには嫉妬心が丸出しとなって、失敗をも招くことになる。そのとおりですね。

せっかく苦労をして、妻の座あるいは夫の座が安定し、人間もできてきたという年齢が、あるいは成功であるのか、失敗であるのか分かれる年齢が、女子は四十過ぎ、男子は五十過ぎであります。男子はその頃から大体自信もでき、度胸もでき、経験が積まれるようになって、立派になる人間と、俗物になる人間とに分かれてくる。これは男女とも同様でありますが、男子のほうが女子より少し遅れます。

とにかく世の中には、いろいろとむつかしい問題もありますが、結局人間が一番むつかしい。そして人間をどう治めるか、どう養うか、ということは結局自分をどう養うかということでありまして、まことに興味津々たるものがあります。改めて一斎先生に敬意を表する次第であります。一斎先生はこういう人ですから、よく弟子を教え、諸大名を指導し、また、幕府の治績にもたいへん手柄のあった、文字どおり大学者であり、同時に大教育家であり、立派な政治家でもありました。

こういう人間学が、あらゆる学問の中でも一番根本であって、政策だの、政論だの、というものはこれは手段・方法にすぎません。例えば、公害問題を取り上げてみましても、議論はいくらでもできるが、それを実際にどうするかということになりますと、結局は人間の問題、人物の問題でありまして、また、したがって人間教育というものが一番大切になってまいります。国家、国民の運命に関する問題を取り上げてみましても、やはり人間に帰着いたします。これが人間にとって一番むつかしいところであり、これからまた道もひらけて、貴いものであります。いわゆる活学、活人であります。

第11講――興亡の危機に学ぶ

▼〝己れを修め人を治める〟――身心の学

元来この講座は、いわゆる学問のための学問とか、知識のための知識というようなことではなくて、生きた時局というものを絶えず参照しながら真理を尋ねるという精神、建前でやってまいりました。そこで人間学の根本、本筋というものは、やはり東洋・西洋の別なく、一言で申しますと「修己治人」――己を修め人を治めるということが第一でありまして、学問というものが観念の遊戯になっては値打ちがありません。そして修己治人と言っても、結局は己を修めることが本体でありますから、古人の言葉で申しますと、身心の学であります。

その身心の学を修める上で忘れてならないことは、事上錬磨ということであります。それはわれわれが絶えず日常生活の中でいろいろな問題について自分の経験と知恵をみがいてゆかねばならぬことです。己を修めないで人を支配しよう、人を指導しようと思っても、それは無理というものです。

ところがこういう学問が長い間全く閑却されまして、特に終戦後は、破壊された日本を建て直すためにはとにかく経済である、その経済も経国済民ではなく、まず衣食であり収入を得ることである、というので商売を伸ばすことに没頭いたしました。

元来日本は経済的根底が薄弱で、その上資源に乏しい。したがってできるだけ安く外国から原料を買って、それに技術を加えて生産し加工し、それを売って所得倍増をはかりました。その結果GNPがどうのこうのとすべて唯物的、功利的な問題を中心に考える。したがって修己治人の学というようなものがなくなってしまいまして、今日の世相のような当然陥るべき頽廃と行き詰まりを招いたということは、明らかに因果というものであります。

ところがその混乱が昨今にいたって最もひどくなり、特に政界があさましいほど、それ際はこの輩《やから》を好む事、がすでりかばるすらはらはだたは民国な良善。すまりおてし露暴を得たり賢しとばかり騒ぎたてるという傾向もありまして、大変憂慮すべき問題であります。

私は知人からよく「いつも先生のおっしゃったとおりになりましたね」と言われます。これは困った言葉でありまして、本当は「先生、いつかあのようにおっしゃっておりましたが、このようになってよかったではありませんか」と言ってほしいのですが、事実はそのようにまいりませんので、常に大きな憤りと憂いを禁じ得ません。これは日本のためにはまことに危険であります。

皆さんもご承知のとおり、ヨーロッパの自由諸国ならば大体ソ連一国だけを考えておればよいわけです。その上ヨーロッパ諸国は、第一次、第二次世界大戦という大変な活劇、悲劇を重ねて体験いたしまして、戦争とその実体、すなわち破壊、殺傷、苦悩の極致を体験しておるのであります。だから見識とか勇気とかいうようなことは別問題として、とにかく彼等は苦労してきましたから心構えができております。これに比べて日本は、明治以来戦争はすべて外へ出てやっておりまして、国内で戦ったことはありません。今次の大戦で終戦の直前になってあちこち爆撃をうけましたが、これも敵の部隊が直接本土へ来寇《らいこう》したのと違って、その被害にも大きな相違がありましょう。

▼真のデモクラシーとは何ぞや

　さて、終戦を迎えて、敵軍が進駐し、日本を管理しましたが、アメリカは文明国という看板をかけた紳士の国でありましたから、日本管理政策というものは表向き大変穏やかであり、むしろある意味では相当日本を助けてくれました。ただその占領政策は3R、5D、3Sといわれる深刻かつ巧妙な政策でありまして、これによって日本はすっかり骨抜きにされてしまって、今日みられるような一部の頽廃・堕落と意気地のない人間を生んだ原因となったことは、かつて詳しく話をしたことであります。しかしそれはいわば巧妙な内科的治療で、ひどい外科手術ではありませんでしたので、日本人はあまり自覚的にこの占領政策を批判するとか反省するとかいうことがありませんでした。そうしてヨーロッパ諸国に比べますと、比較にならぬほど平穏裡に敗戦から復興したわけであります。

　だからどうしても日本人は甘くなります。アメリカから投げ与えられたデモクラシーというものを無反省・無批判に遵奉《じゅんぼう》し、あるいはこれを利用、悪用して今日の結果に陥ったというわけであります。だからそのデモクラシーを日本に投げ与えたアメリカ当局者が後になって、日本人はデモクラシーの一字を間違えて、シに濁点をうってジにしてしまった、すなわちdemocracyをdemocrazyにしてしまった。クレイジーは気違いという字でありますから、つまりデモ狂にしてしまったというわけで、彼等はプレスクラブで語りあって大笑いしたというような話がありますが、本当に今日の日本はデモクレイジーに陥っております。

そのデモクラシーの本場であるヨーロッパやアメリカでも、今日ではもうデモクラシーはだめだといわれております。元来ギリシャ、ローマ時代にはデモクラシーという語は、よい意味にのみ使わず愚民政治というような意味にも使っておりました。本当に今日の難局を打開するためには、やはり大衆でありさえすればよいのだ、しちむつかしい人間は迷惑だ、という悪平等のデモクラシーではだめで、国政というものは万民の生活、特に風俗、精神、文化に影響のあるものですから、優れた指導者、エリートに待たなければなりません。デモクラシーの平等ということは、偏らずに国民全体の中から、自由に公平にエリートを出すこと、優れた人材を出すことであります。

そこで今日デモクラシーはdemotic aristarchyでなければいかんという学者もあります。それが少しも伝わらないのは日本だけでありまして、大衆に実体をおきますからデモティックではありますけれども、しかしそこから優れた人材を出さなければなりません。その意味では昔のアリストクラシー（貴族政治）でもありません。貴族社会などもはやありません。要は人材を公平に選出、選抜するということでありますから、やはり精神的意味でアリスタルキーであります。

日本でも選挙によって選ばれた議員のことを選良といいますから、選挙は立派な良識のある人間を選ぶものであって、タレントでも何でもよいというのではない。大衆という基盤から公平にエリートを出すものである。これが現代政治哲学の一つの結論であります。

こういうことはヨーロッパでは長い間の体験の結果、皆承知のことでありますけれども、何か日本ではそういうのは古い思想であるとか、非民主的思想であるとかと、まことにくだらない誤解やら、謬論《びゅうろん》やらが横行しておりまして、何でも大衆性、大衆性といって、大衆の票を多く獲得した者がエリートであるというような大きな間違いをしております。

そもそも民主政治というものがこの頃は深刻な、そして厳正な批判をうけておりまして、今までの流行思想がいかに軽薄なものであり、間違いの多いものであったかということが、ぼつぼつ日本でも学者たちの間から毅然として主張する人々が幾人も出てきております。

▼ルソーの政体論

民主主義というとすぐ引っ張り出されるのがルソーでありますが、そのルソーの『民約論』を見ますと、日本人が考えているような議論とは似ても似つかぬ議論をしております。

ルソーは、いわゆる民主主義政治、民主制というものに私たちが考えているのと全然反

対の結論を出しております。そこでルソーの政体論について二、三紹介しますと――、

最もよい政体については、あらゆる時代に大いに議論されたが、どの政体もある場合は最善であり、他の場合は最悪のものであるということは考慮されなかった。

王制、貴族制、民主制を比較しますと、どの政体が恒久的に優れておるということはなく、どの政体もある場合には善く、ある場合には悪い、ということをルソーは解明しているわけであります。王制が絶対である、最善であるということはありません。同様に貴族政治、民主政治というものもそうです。したがって都合のよいところだけ取りあげて都合の悪い点は触れないというのでは、これは本当の議論になりません。

一般に民主制は小国に適し、貴族制は中位の国に、君主制は大国に適する。

一般に民主制は、ギリシャのような小さな国に適し、それに対して貴族制はもう少し大きな国に、そして君主制は大国に適するという結論であります。

もし神々からなる人民があれば、その人民は民主制をとるであろう。故にそれは現実の人間には適しない。

民主制の元祖といわれるルソーでありますが、人民が皆神様であれば民主制が一番よいが、神様でない人間には適しないと言うのです。ちょっと想像もつかない結論であります。問題は民衆が偉い、民衆が主体というのではなく、その民衆の中から公平に民衆を代表するエリートを出すということであります。そのエリートがどこかへいってしまって、民衆、民衆ということになってしまった。そこで、

民主制の条件としては

1、小さい国で、人民を集めやすいこと。
2、習俗が単純で、煩雑な仕事や議論が省けること。
3、人民の地位や財産が大体平等であること。
4、奢侈《しやし》が少ないこと。
5、人民政治は内紛・内乱が起こりやすい。その存続のためには、警戒と勇気がいる。

ルソーは民主制の条件として以上の五つを挙げておるわけでありますが、まず第一は、なるべく小さい国家で人民を集めやすいこと。もう何十万、何百万という人間になったら、どうにもなりません。演説会にしても会場に集まるのはせいぜい数千人どまりで、何万、何十万という人間が一堂に集まって会議をするというようなことはとうていできるものではありません。

次に第二の条件として、習俗が単純で、煩雑な仕事や議論が省けること。例えば煩わしい選挙事務だとか、演説会だとかいうようなことをする必要がなく、実に単純でわかりやすい。

第三は、人民の地位や財産が大体平等であること。

第四に奢侈が少ない。つまり人民がなるべく質素で堅実でなければなりません。ぜいたくを覚えた人民は、ぜいたくをしようとして虫のいいことを考える、あるいは怠ける。それではもう政治にはなりません。

中国古典の『四書五経』の「礼記」の中に礼運という一篇がありまして、その冒頭に大同小康の説というものがあります。日本の年号にある大同時代というのはここからとったのです。この時代は天下を以て公とした。つまり人間に利己心というものがなくて、公共精神が支配しておったというのであります。自由中国革命に成功した孫文はこの「天下を以て公となす」という語を常にモットーにしておりました。

しかしその天下をもって公とした大同時代も、やがてだんだん私という思想・観念が生じましたが、それでも自分を律する道徳というものがあった。自由と同時に自律を忘れなかった。これを大同に対して小康と申します。国民がよく反省し、道徳ということを知っておった時代であります。

第五に、人民政治は多くの人民が集まるのですから、内乱・内紛等が起こりやすい。そこで民主主義政治を存続するためには、非常な警戒と勇気が必要であると説明をしているのであります。

▼マッチーニの名言

Progress of all, through all, under the leading of the best and wisest.

デモクラシーとは何ぞや、という一番の名言は、このマッチーニの言葉であります。すなわちデモクラシーというものは、国民のすべてを通ずる、最良にして最賢なる指導者の指導のもとに、国民全般の進歩をはかってゆく。一人あるいは一階級・一組合の進歩をはかるのではない、国民すべての進歩をはかる、これが民主主義だというのであります。

これは今日に照らしても間違いのないことでありまして、今、ルソーやマッチーニという優れた人々の定評のある名言を引用して説明をいたしましたが、これらを味識していただきますと、皆さんのお考え、見識が一層はっきりしてくることと存じます。

▼スタシスをどう乗り切るか

スタシスと申しますのは、大体西洋ではルネサンス時代――中世時代によく使われた語でありまして、中世の歴史や思想学問の書物を読んでおりますとよく出てまいりますが、それが最近いつからともなく西洋の、特に哲学、あるいは高等評論等の中に盛んに引用されております。しかしそれらの日本語訳をみても、あまりよい訳語がないとみえて、大抵はスタシスという語をそのまま使っております。これは争えない変化の時期を意味する語で、日本語の厄年という語を考えるとよくわかります。

日本では四十一・四十二歳を特に厄年と申しまして、この年代になると、今まで意識に上らなかったわれわれの体質・健康というものに変化が起こってまいります。急に肩が凝ったり、手が動かなくなったり、あるいは腰が痛くなったりして、驚くことがあります。いわゆる変化の時期、転期でありまして、これなどはスタシスの典型的な例であります。

要するに、どうにもならない変化の一つの時期・状態をスタシスというわけであります。

例えばアメリカを考えてみますと、今まで隆々として栄え、特に第二次大戦後は世界の歴史に未だかつてない繁栄をしたというので、大自慢、大景気でありましたが、急にがたっときて、アメリカの識者は「繁栄の中の没落」ということを言い出しました。日本も同様で、このあいだまでGNPが世界第二位になったとか言って、未曽有の繁栄を謳歌し、レジャーだの、バカンスだの、と国を挙げて享楽を追っていたのでありますが、昨今ガタがきて、国民が悲鳴をあげております。これも一種のどうにもならない変化の期、スタシスであります。そこでアメリカの流行用語が日本へ伝わり、世界の識者から「日本は危険なスタシスにはいった」とよく言われるのであります。

したがって問題は、われわれがこのスタシスをどう乗り切るか、これをいかに是正して健康を回復するかということであります。下手をしますと回復ではなくて、崩潰《ほうかい》する危険があります。日本の現状はどこから見てもじつに危ういと言わなければなりません。その第一が無経験であります。無経験であるから、無自覚です。つまり一部の人々が騒ぎ回っておるという状態であります。だから外人の間には、もう日本は無事に済まぬ、何か大きな混乱が起こるのではないか、という見方をしておる人もずいぶんいるようでありますが、何とかそうならずに打開したいものであります。

▼カーカップの直言

現在日本へ来ている外国人はたいへんな数で、報道関係の人間だけでも何千人とおりますから、日本に対する批評もきびしいものがあります。しかしこの人たちの多くは長年日本に滞在しているために、日本の教育、思想、言論等を知って、日本びいきであります。中でもカーカップという人は、日本語もよくでき、日本文も書けまして、日本人が恥ずかしくなるような思想家・文章家です。

その彼が日本に対して次のように直言しております。「経済的な大打撃、超インフレが、動きがとれない不況が、現代日本を救う神の恩寵になるかも知れない」。つまりここまでくると、日本人はいっぺん大きく懲《こ》りないと目が覚めない。日本の現状を憂うる人から申しますと、きわめてやっかいで不幸なことであるけれども、そういう目に遭わないとだめである。その苦労が日本を救う神の恩寵かも知れないというのです。

また、彼は「残酷なことだが、地震もその目的に役立つかも知れない」、と日本の親しい友人に語っております。元来大自然の変動というものは人間に恨《あと》を残さない。人間はすぐ諦めてしまいます。しかし内乱や革命は恨をつくる。だから、地震といえば日本は地震国といわれるくらい、ことに多い国ですから、日本人は地震はいやですが、これが一番いいのではないかというわけです。そしてその考えの人はカーカップ以外にもずいぶんといるようであります。しかしこのようなことはできれば避けたいことはもちろんであります。

▼『三略』の教え

こうしていろいろと注意をしておりますと、どうしてこうなったか、どうしなければならないか、ということは昔の人がすでに言いつくしているようであります。最近、ニュースとして新聞やテレビに大きく発表された中に、中国の古墳発掘がありますが、古代の墓からたくさんの兵書が出てまいりまして、考古学者が大変な興味をもって調べております。そこで私も改めていろいろの兵書をひもときましたが、その中にはまるで今日を直視しておるような文章がたくさんありますので、その一部をご紹介することにいたします。

まず『三略』の「上略」に、善と悪についてこういうふうに言っております。

善を善として進めず。悪を悪として退けず。賢者隠蔽して、不肖位に在れば、国その害をうく。

三略は、六韜《りくとう》とともに日本人にはずいぶんよく知られた書物でありまして、軍書といえば、日本では六韜三略と孫子・呉子を指すくらいであります。その三略は上略・中略・下略の三書から成り、本文は上略の中にある言葉であります。

終戦後、日本の評論家はみな甘くなり、悪いことを悪いと言わず、また善いことも善いとして勧めもしません。まことにどうも不得要領で、したがってまっすぐなことを言う人がいると嫌がります。そこでまっすぐなことを言う人は愛想をつかして隠れてしまいます。また官庁などでも重要な場所ほど、あまりテキパキとやる人間、あるいは敵があるような人間を避けて、なるべくあたり障りのない人間、自由に使える人間を役につける傾向があります。これは大きな間違いであるばかりでなく、それによって生ずる弊害は量り知れぬものがあります。

中略に云う、「世乱るれば則ち反逆生ず。三略は衰世の為に作る」。

三略は兵書というより政治の書物といったほうがよい書物であります。だから中略にも、世の中が乱れてくるとどうしても謀反が起こる。この頃で申しますと、ストライキから始まってすぐデモをやる。そういう衰えた世の中をどうするかという指導のために三略を作ったと書いてあります。

下略に云う、「一善を廃すれば則《すなわ》ち衆善廃る。一悪を賞すれば則ち衆悪帰す。善なる者その幸を得、悪なる者その誅を受くれば国安くして衆善到る。衆疑えば定国なく、衆惑えば治民なし。疑定まり、惑還りて国乃《すなわ》ち安かるべし」。「一令逆らえば百令失し、一悪施せば百悪結ぶ。善・順民に施し、悪・凶民に加うれば、令行われて怨なし。民を治めて平らかならしめ、平を致すに清を以てすれば、民その所を得て、天下寧し」。

一つの善いことをやめてしまうということは、一つの善いことだけの問題ではない、それに伴って多くの善いことがみな廃れてしまう。反対に一つの悪いことをほめると、際限もなくいろいろの悪いことが集まってくる。どうも近時の日本を眺めておりますと、何かあたらずさわらずというか、時には迎合するような空気がありまして、犯罪だの、破壊活動だのというものを厳しく裁かない。そのために次第に善いことが廃れて、悪いことがはびこるという世相になりました。

「衆疑えば定国なく、衆惑えば治民なし」――民衆が、こんなことでよいのか、と疑心をもったり、惑うたりするようになると、国は定まらないし、民は治まらない。ところが「疑定まり、惑還りて国乃ち安かるべし」――是を是とし、非を非として、はっきりと判断をさせると、ああでもない、こうでもないというように惑っておったことがはっきりして、国中が安定するであろう。

「一令逆らえば百令失し」──道に逆らった、真理に違った一令を出すと、百令すなわちどれもこれも失敗します。「一悪施せば百悪結ぶ」──一つの悪いことを施すと、百悪が結集する。従順な人民には善を施し、凶悪な民衆をびしびし懲らしめるという風にすると、命令が行われて、人民は納得し、怨がなくなる。そして政治を行うのに、つとめて平和を旨とし、その平和は汚れたり濁ったりしてはだめで、清い平和をもって行いますと、人民は安心しますから、天下は太平であります。

漢代の昔も、日本の現代も変わらぬ真理であります。

▼尉繚子の訓

この間、長沙の古墳から出ました中国古典の中にもこの名がありました。尉繚子《うつりょうし》は韓非子などと並び称せられる兵法家でありますが、秦の始皇帝がこの尉繚子に大層惚れこんで、何とか仕官をさせようとしましたが、巧みに逃げてしまったといわれております。

その著書の中にこういうのがあります。

不祥は己が過を聞くを悪むに在り。不明は間を受くるに在り。禍は利を好むに在り。害は小人を親しむに在り。亡は守る所無きに在り。危は号令無きに在り。

自分が間違っているということを人から指摘され、聞かされることを嫌がり、あるいは弁解したり憤慨したりする人があるが、これは特に人の上に立つ者は最も慎まなければなりません。また何が不明かといっても間者、スパイに乗ぜられるほど不明はない。この間もニュースでご承知のとおり、あの評判のよかったドイツの総理大臣が秘書にスパイがおったということでとうとう総理をやめました。これは油断も隙《すき》もない証拠であります。国際会議のよく開かれるジュネーブでは美人のスパイが四百人もいるといわれておりまして、これが映画に出てくる忍者のように可愛いものでなく、はなはだ複雑巧妙でありますから、どうしてもその隙に乗ぜられます。そして利を好み、小人に親しみ、しっかりとした法則・原則がなく、行きあたりばったりで、国民の向かうところをはっきり指示しないと、じつに危険であります。

不安動揺の時代には、やはり当局者、支配者は、国民の向かうところを明確にしなければなりません。一体何を考えているのか、どれが本当なのか、さっぱり国民にわからない、というような優柔不断・曖昧模糊《あいまいもこ》が一番よくありません。号令はファッショだというようなことを言って、それを憎む人間、それをやられては困る人間は、いろいろと理屈をつけては号令を無視しようとしますが、やはり国民に呼びかけ、号令をするということがないとうまくゆきません。

今日の日本を、このように古典に徴《ちょう》して考えてみましても、無事に済むわけがないということがはっきりします。これをどうするか、どう切り抜けるか。いたずらに高きを望んでも仕方ありませんから、やっぱり自分の手の届く職域、家庭、交際範囲から、道につかせる、正しきにつかせることであります。国民のすべてが何とかなるだろうと他人ごとのようなことを言って、無責任の状態がこれ以上激しくなりますと、日本は必ず混乱・破滅を招きましょう。しかしこれは、政治ばかりでなく、われわれの日常生活においても発奮、努力することが大切。これは人間の歴史の結論であります。

第12講──『自新録』──広瀬淡窓

▼自らを新たにする

本日は教材に広瀬淡窓の、こまやかな心境の記されております『自新録』の中から六か条を選びまして、ご紹介いたします。

われわれの学問は机上の空論ではだめでありまして、やはり時というもの、時勢というものに血の通った哲学でなければなりません。人間学とはそういうものでありまして、これから先は、究極するところ自新──自ら新たにするということが最も大切なことであると思います。

広瀬淡窓、名は建、字を子基と申します。――字というものは名の意義を補うためのものですから、必ず名に関連してつけられる。それで中国では人を呼ぶときには、親や先輩は名指しで呼びますが、普通は字を呼ぶのが礼とされております。日本ではその区別がなくなっております――。天明二年春、豊後日田に生まれました。

年少出でて筑前の亀井南溟、昭陽に学びましたが、病弱のために帰郷して山紫水明の郷に性命を邃養《すいよう》し、万巻の詩書に優遊《ゆうゆう》して、育英を楽しみ、その咸宜園の塾風は四方に喧伝せられ、山中講学五十年、及門の弟子は四千人の多きに上り、じつに幕末地方教学の一大偉観でありました。その人となりはいかにも温粋清高で、当時の漢学者には稀に見る思索の深い所があり、多分に宗教的な性格も備わっておりました。詩文にかけてもまたその人柄のとおり穏秀ともいうべき風に富んでおります。安政三年十一月七十五歳を以て没しました。日田の教育委員会から淡窓全集三巻が出版されております。

淡窓は若い時に病弱であったことは述べましたが、それについてまことに感激に堪えない一文がその文書の中にございます。

淡窓に一人の妹がありました。これがまたたいへんな兄思いで、兄淡窓の病弱を悲しみ自分の身命をもってこれに捧げようという悲願を立てました。たまたま菩提寺に当時の高徳豪潮律師という僧が法話にみえて、妹もこれを聴聞しておったのでありますが、話が終わって皆が散会しようとしたときに、豪潮律師が態を改めて皆を見回し、この中に非常の大願を発しておる者があると言い出されたので、一座がシーンとなった。

やがて律師は淡窓の妹を指さして、「お前さんであろう」と言って当てられた。そこで驚いた妹さんは、しみじみと自分の悲願を律師にうちあけたわけですが、律師は「しかし無理をしてはいけないよ」と言ってねんごろに諭された。それがいつしか淡窓の耳にはいり、淡窓もたいへん驚いて、これを止めさせようとしたが、妹は頑として聞きませんでした。そこで淡窓はもとより両親もこれを心配しておりましたところが、たまたま縁があって、京都の朝廷に仕える女官のところへ奉公に出ました。

しかしやはりその悲願のせいでありますか妹は早く世を去りました。それに感動した兄淡窓は、妹を追憶する文章を書いておりますが、じつに肝銘にたえない名文でありまして、誰が読んでも涙なしにはおれない立派なものであります。そして妹の悲願のお蔭もありましたか、十代のときには余命いくばくもないといわれた病弱の身が、七十五歳まで生きのびたわけであります。こういう話は国民教育、道徳教育にはこの上ない教材でありますが、ほとんど知る人はありません。

▼〝淡〟とは至極の味

淡窓という号を味わいますと、これがまたいかにも先生らしい、その人柄がにじみ出た味のある号であります。淡には深い意味がありまして、味わえば味わうほど興味の尽きないものがあります。われわれは真剣に学べば学ぶほど日常いかに意義深い肝銘すべき事柄、文字や言葉、あるいは思想、理論等をもったいないほど粗末にしておるかということがよくわかります。

「淡」という字もその一つでありまして、普通の人はこれを、単にあわい、あっさりしている。みずくさいというような意味に考えて、じつは全く正反対の味のある文字であることを知りません。「君子の交は淡として水の如し」という格言も、また「淡交」という熟語も、淡の本当の意味を知って初めて理解できるのであります。

これは茶の作法、特に煎茶をやるとよくわかります。

煎茶というものは、まず第一煎でお茶の甘味を味わい、ついで第二煎で苦味を味わいます。甘味というものは、味の中では一番初歩のものでありますから、子供でも甘いものは好きです。だから「あいつは甘い」というのは、まだ人間ができておらぬ、人間的に初歩の、若い人達を指すのであります。

ところがその甘味の一つ奥の味は何かと申しますと、苦味であります。甘味を含んだ苦味、甘味を越した苦味、これは単なる甘味よりもはるかに優れた味であります。それから最後の第三煎で、渋味を味わいます。甘味を含んだ渋味、甘味・苦味を通り越した渋味、これが本当の茶の味といえましょう。人間も甘さを通り越して苦味・渋味が出てこないと本物ではありません。

したがって人間というものは、甘味だけの青少年時代から出発して、やがて苦味の出る壮年時代、さらに渋味の出てくるまでを考えますと、かなりの年月と修養が必要であります。が、これだけではまだ最高の境地・真の味とは言えません。この三つの味、すなわち甘・苦・渋を超越した至極の味、至極の境地を、老荘や禅家では「無」あるいは淡という字で表現しております。これが淡窓先生の淡の字でありまして、「君子の交は淡として水の如し」という意味もこれでよくわかります。言うに言えない至極の味であります。

淡と言えばもう一人、尾張に中西淡淵という学者がありました。この人は淡窓よりずっと先輩になりますが、文字どおり淡淵の名にふさわしい人柄でありました。

この人に教えを受けて偉大になられたのが細井平洲です。平洲がまだ江戸で長屋住まいをしておった頃の話でありますが、その狭い住居に自分の親友と弟子の二組の夫婦を預かって同居しておりました。つまりあばら屋に三夫婦とその子供たちが一緒に暮らしたのであります。その上平洲には老父がありましたが、長屋の者たちはみな、この三夫婦を他人の仲とは知らず、世の中には仲のいい兄弟もあるものだと思っておりました。それで平洲の父に「ご隠居さんは本当に幸福なお方ですね、仲のいい子供や孫に囲まれて……」と言ってうらやんだと申します。この一事で細井平洲という人はどんなにできた人であったかということがよくわかるのでありますが、その平洲を教えたのが淡淵先生でありました。淡の字に背かなかった偉い先生であったと思います。

▼人の価値は学のあるなしでは決まらない

さて、話を淡窓先生にもどしまして、先生は平素、人に教えるということはたいへんなことであって、教える、学ぶ、改めるということは、自分の問題であり、まず自分を新たにしなければだめだと常に教えた人であります。したがって現代においても、真に日本を革新しようと思えば、政治家が自己を革新しなければなりません。そういうことを頭にいれて次の文章を読むと意義はひとしお深いものがあります。

人の賢不肖は学と無学とに在らず。我れ友を取るや、未だ嘗《かつ》て此を以て限りと為さず。人の難に急ぐ者の如き固より論を待たず。言、信ある者、剛にして能く断ずる者、世

事に老《た》けたる者、一芸に長ずる者、皆我が益友なり。但だ無学の人、我輩を忌嫌することと一に蛇蝎《だかつ》の如し。親近せんと欲するも而も得べからず。是れ我が憂なり。

『自新録』

人の賢不肖は、いわゆる学があるとか、学がないとか、そんな事とは少しも関係がない。もっと自由に人を見ることが大事である。行き詰まって困っておるときに、思いきって助けてくれる人、冷然と傍観している人、といろいろありますが、助けてくれる人はじつに貴い人である。もちろんそういうことは言うまでもないことであるが、言葉を信じてよい人、善悪の判断を誤らぬ人、世間のことによくなれた先輩、一芸に長じた人、そういう人は皆自分にとって有益な友だちである。このように自分は元来、学があるとか、無学であるとか、いうようなことで人を観る基準にしておらないのだが、困ったことに無学の人々は自分に対しておそれをなしておるようだ。もっと親しくしたいと思うのだができないのが残念である。

何しろ淡窓先生は、病弱でありながら非常な勉強をされた人ですから、厳しいところもあったと思われます。そこで近所の人たちは先生をむつかしい人と誤解して、やや避けたのでしょう。それにしても「我輩を忌嫌すること一に蛇蝎の如し」という表現は、少々形容が過ぎておるようです。先生は、学があるとか無いとかは問題でない、世事に老《た》けた者・一芸に長じた者は皆友だちとしてつきあいたいと申しておられるわけで、たいへんおもしろいと思います。

▼人情と非人情との分かれめ

寧《むし》ろ人情を失うも、小利を捨てざるは賈豎《こじゅ》の剛なり。寧ろ大事を誤るも、人情を傷《やぶ》らざる婦人の仁なり。故に至吝は剛かと疑われ、至弱は仁かと疑わる。

たとえ非人情であろうが、わずかな利益をも無視しない、それをとる。これは小商人の強いところである。また時によっては人情のために大事を誤るようなことがあるが、これは婦人の仁というものである。だから、けちに徹しておると何だか大変強いところがあるように思われ、弱いと仁かと疑われる。これは非常にむつかしいことで、とかく人間はそういうように偏するものです。これは極端な例でありますが、世間によくあることであります。

人請求するあり。固く拒むに忍びす。往々諾して而も果さず。若しその人に逢えば、

之が為に赧然《たんぜん》たり。伝に曰く、その諾の責あらんよりは、寧ろ已むの怨あれと。又曰く、華にして実ならざるは怨の聚《あつ》まる所。

人から何かを請求されると、どうしてもことわることができず、承知をしながらその約束を果たせない。それでたまたまその約束をした人に会うと赤面しなければならない。だから古人も一度承知をしながらその約束を果たせないで責任を苦にするよりは、むしろ多少そのために恨まれても最初にことわったほうがよろしい、と言っており、また見かけがよくても実がないのは、多くの人々から恨まれることになる。

中国の隋の時代に、王通という天才的な哲人がおりました。日本の学者の中には王通を吉田松陰と比較する人々がありますが、この人も確か三十歳で没しております。しかし病没でありまして、松陰先生のように最後の悲劇的な人ではありません。王通の門下生から隋を滅ぼして唐を建設した維新革命の人材が輩出したと伝えられて、その点松陰と似ておるというわけです。王通に『文中子』——王通のおくり名の中説という書物が残っており、この中に無のついた七つの格言が載っております。「諾の責なし」という語もその一つであります。一度承知した以上は必ずそれを実行するということです。相手を尊敬し、信頼しておればおるほど、その人に失望させられることはまことにいやなことであります。だから「よし」と約束した以上は実行することが確かに大切であります。

▼妬心の強い者と交われば争いを生じやすい

妬心《としん》深き者は内争を生じ易し。与《とも》に交を結ぶべからず。また与に事を謀るべからず。

ねたみ心・やきもちの強いのは、外には出ないが、人に知れない内の争を生じやすい。だから妬心《としん》の深い者とは交を結んだり、事を相談してはならない。共同で事業をやっても、あいつ仕事を取りはしないか、自分でうまいことをしないか、等と気を回して、争いを生じやすい。

この言葉は痛い切実なものであります。ねたむという字は女偏に石、すなわち妬と書きますが、また女偏に疾＝嫉と書いてやはり同じ意味につかいます。この二字を合わせて嫉妬でありますが、これは世の女性からはひどい文字だといって苦情の出る字で、つまり男にも嫉妬心があるではないかというわけであります。

特に人間の欲望の中で一番強いのは、権力支配の欲望であります。しかし権力支配の欲望となりますと、女性よりむしろ男性が主でありますから、その意味では嫉妬心は男性のほうが強いかも知れません。過去の歴史を調べてみても、男性の嫉妬によって事が破れて悲劇を起こした例が数限りなくあります。過去の歴史ばかりではありません。現に地球上で毎日といってよいほど同じ悲劇が繰り返されているのであります。この言葉は淡窓先生にとっても、おそらく体験からにじみ出た言葉であろうと思われます。その証拠に先生は、日田の地を出て後は時の大名などの権力者に結びつくようなことは一切しておりません。先生の偉大なゆえんの一つであります。

▼有益な交友の道とは

賢有って而て知らざるは一の失なり。知って而て交わらざるは二の失なり。交わって而て与に謀らざるは三の失なり。与に謀って而に与に事を成さざるは四の失なり。与に事を成して而て与に功を分たざるは五の失なり。此の五失を除けば交道益有り。憧々《しょう》として往来するがごとき、千百人と雖《いえど》も、なんぞ事に補あらんや。

じつに痛い言葉であります。まず第一は、人の上に立つ者、志のある者が賢者を知らないということである。そして賢者と知っても、これと交わらないのは第二の失。また賢者と知って交わった以上、胸襟《きょうきん》を開いて共に事を謀らなければならないのに、それをしないのは第三の失である。せっかく相談をしながら一向に事を成就するように努力しないのは、第四の失である。お互いに知り、信じ、相談して成功したのに、虚心にその功績をわかちあわないのは、第五の失である。この五失を除けば、交友の道は有益なものである。ただふらふらと行き当たりばったりにつきあうのは、どれほど多くの人と交わってもそんなものは何の益もない。

よく世間をみておると、この五つともどこの社会にもあることで、その点昔も今も一向変わりがない。人の世の常と申しますか、まことに痛い指摘であります。

▼知識、見識は胆識になって初めて役に立つ

書生・政を為すは俗吏に及ばず。猶《な》ほ医師方書を研究するも、その病を治すに至っては、草医に劣るが如し。大抵理を窮むること太《はなは》だ精しく、心を用うること太だ密なる者は、行事必ず不活動なり。気に任せて敢行するの得たるに如かず。故に大事を作すは、胆を以て主と為す。識之に次ぐ。

例えば政治家と役人官僚がいい例です。さすがに政治家は演説は上手、口は達者であるけれども、実務となると役人のほうがよくできる。ちょうど医者が書物によってその道の研究をいくらやっても、実際に病人を治すという手腕については、よく経験を積んだ田舎

医者でもかえって上手であります。医書を読んだり病理学の研究をしておりますと、理屈はわかるけれども、経験がないために実際の役に立たない。そこで経験と度胸・実行力でどしどし実験してゆく必要があります。

昔は大学にも名医がおられて、例えば青山胤通先生などもその一人ですが、いつも実習生をつれて病院を回診された。そして実習生に対して診察もせぬうちに、「あの病人は助かるか、助からぬか、どう思う？」と問われる。すると実習生はきまって「よく診察しないとわかりません」と答える。すると先生は「医者というものは、脈をとったり、聴診器を使ったりする前に、患者を一目見て、この患者は危険だとか、大丈夫だとかわかるようでなければいけない。聴診器だ脈診だというのは枝葉末節だ」と教えられたそうであります。一目でわかるまでにはかなり修業をしなければならないが、それがわかるようになるのが医道だということでしょう。

ところが昨今の病院や医者は、全くこれと反対で、まことに非人間的であります。淡窓先生の指摘されたのはこれと同じことであります。また先生はしきりに胆識ということを説いておられます。

元来識にはおよそ三つありまして、その一つは知識。これは人の話を聞いたり、書物を読んだりして得る、ごく初歩的なものでありますから、薄っぺらであります。これに経験と学問が積まれて見識にならなければなりません。さらにその上に実行力が加わって初めて胆識になるのです。したがって、知識だけではだめでありまして、知識が見識になり、その見識も最後には胆識になって、初めて役に立つのです。これは医者ばかりではありません。実業家、政治家等々いわゆる実際家ほどこの三識が要求されるのであります。

淡窓先生の自新録をこのようにして読みますと、いかにも先生は普通の学者でない、非常にできた人であることが痛切に感じられるのであります。先生の直系の子孫である広瀬正雄代議士はかつて大臣もされたりして、一門が今日も繁栄しておられます。

よく革新政治という言葉を聞きますが、これはやはり各自が、真面目な実践の行者となり、実行の学問をして、まず自分を新しくしなければ、世の中を新たにする、革新する等ということはできるものでありません。したがってその意味において日本の各界にもっとできた人間が出ないとどうにもなりますまい。どうにもならぬばかりでなく混乱します。そこで本当の意味の人物、教養と見識、胆識のできた人の輩出が望まれるのであります。

第13講――学問修業の要諦とは

今回は、締めくくりの意味と、最近の時局にかんがみまして、本日はこの教材を選びました。

前回は、幕末の日本で、豊後日田の山紫水明の郷に、全国から前後三千にのぼる学生が教えをうけた広瀬淡窓先生の述懐である妙味津々の文章を紹介いたしました。その意を継承して、少しく調子の変わった講話をいたしたいと思います。

▼学問は実践してこそ活学となる

論語云。子曰。学而時習之。不亦説乎。

論語に云う、子曰く、学んで之を時習す、またよろこばしからずや。

この言葉は、誰知らぬ者のない論語の名言でありますが、そのわりに本当にこれを解釈しておる人は少なくて、多くの人は「学んで時に之を習う。またよろこばしからずや」と読んで、ときどき復習するという意味に解釈しております。これは全くの誤りではありませんが、浅い解釈で、本当はもっと深い、生きた意味があります。すなわちこの場合の「時」という字は、時々という意味ではなくて、そのときそのときという意味であります。われわれが日常体験するその一つひとつをいい加減にしないで、そのときそのときを生かして勉強する、活用する、これが「時習」であります。

あるいは時という字はこれとも読みますから、少し凝った学者の中には「学んでこれ之を習う」と読ませておる人もあります。それもよいのでありますが、強いてそのように訳読しなくとも、「じしゅう」で結構であります。よく注意しておりますと、昔の学校などにこの時習という名がついております。熊本にある時習館などもその一例であります。

それから「習」という字。これもひろく通用した文字でありますが、正しく解しておる人は案外少ないようです。習という字は、上の羽ははね、下の白はしろではなくて、鳥の胴体の象形文字であります。つまり習という字は、雛鳥が大きくなって巣離れする頃になると、親鳥の真似をして羽をひろげて翔《と》ぶ稽古をする、そのかたちを表した文字であることがわかります。そこで「学んで時習す」ということは、親鳥の翔ぶのをお手本にして雛鳥が翔ぶ稽古をするように、いわゆる体験をする、実践をするという意味でありますから、「またよろこばしからずや」ということも生きてまいります。

人間生活があらゆる面で便利になるにつれて、思想だの学問だのというものも普及すればするほど通俗になります。しかし本当の学問は、自分の身体で厳しく体験し実践するものであります。この意味が本当に理解されて初めて活学になります。

幕末から明治の初めにかけて行われた塾式教育の時代には、行儀作法から始めてきわめて具体的、個性的、実践的に学問教育が行われましたが、それが近代の学校制度になるに及んで、多数の生徒が一堂に集まり、教科書をつかって勉強するようになりました。それから師弟も人間と人間との関係、直接の関係がなくなって、ただ知識本位、理論本位に終始して、次第に人間としての具体的な存在や行動から遊離して参りました。学問というものは体験を貴しとなし、その体験を錬磨することでなければなりません。その意味で「学んで之を時習す。またよろこばしからずや」という語は非常に短いものでありますが、限りなく深い意味と効用があります。学問・修養というものは、論理だの思想の遊戯だのというものではだめであって、われわれは日常の実生活を見失わぬようにしなければならぬということでもあります。したがって「時習」の語は儒教の大切な一つの眼目でありますが、これを現代広く普及しております禅の立場から考えまして、次の第二をあげておきました。

▼浅学修業では到達できない境地

僧問百丈。如何是奇特事。丈云独坐大雄峰。僧礼拝。丈便打。

僧・百丈に問う、如何が是れ奇特の事。丈云う、独坐大雄峰。僧礼拝す。丈便ち打す。

禅に有名な『碧巌録』という本があります。これは日本に最も広く普及している禅書の一つでありまして、禅について学ぶ人が必ず読むのはこの『碧巌録』と、もう一つ『無門関』という書物であります。この二冊はともに中国の宋代につくられたのでありますが、わが国に伝わりまして一般に広く普及いたしました。その碧巌録の第二十六則に、この「独坐大雄峰」という有名な公案があります。これは専門の禅師・禅僧に言わせますと、ずいぶんいろいろ広長舌を振るうところですが、つきつめて申しますと、きわめて簡単に説明することもできます。

唐代に百丈懐海《ひゃくじょうえかい》というたいへん偉い禅僧がおりました。この人によって禅宗という一つの体系ができたというので、特に名高い人であります。湖南省の百丈山におりましたので百丈禅師とも言います。その頃までの禅は、まだ独立した宗派をつくらず、儒教や道教の建物を借りて、いわば廂《ひさし》を借りて修行しておりましたので、きわめて自由かつ自然でありましたが、次第に盛んになるにつれて、どうしても専門道場が要るようになり、禅宗という一派、つまり組織形態をつくりあげました。そういう意味の開山、あるいは創始者の代表がこの百丈懐海和尚であります。大雄峰というのは、百丈山は別の名を大雄山と言ったからであります。

あるとき一人の僧がやってきて百丈和尚に訊きました、「如何が是れ奇特の事」。奇特という文字を難しく解して、何か禅宗の神秘な悟りの問題として取り扱う人もありますが、奇特というのは当時の俗語でありまして、日常用語の少し変わったという意味です。したがって「何か変わったことはありませんか」と、今日でもいう挨拶を百丈和尚にしたわけです。

そうすると言下に百丈和尚は「独坐大雄峰——オレがこうしてこの寺におる、これぐらい変わったことはないよ」と答えた。まことに当意即妙であります。私たちもよく経験することでありますが、誰かに会いたいと思ってもなかなか会えない。ところが全然予期してなどいなかった人に突然会うこともある。人間が互いに会うということはまことに不思議なことであります。まして同じ会社で同じ仕事をする、あるいは夫婦となり、親子、兄弟として生まれる、考えてみるとこれくらい不思議なことはありません。つまり「奇特なこと」であります。

ところが、学問修行をすると、そのような通俗的な問題を忘れて、一般大衆の知らない問題だの、理論だのを聞いたり述べたりしたがるものです。この僧も、出家して各地の寺院を回り、多くのお坊さんに接した雲水であります。その雲水の口から出た言葉でありますから、百丈和尚はそれを言下に活用してぴしっーと一本やり返したわけであります。そこではっと気がついたのでしょう、「僧礼拝す」とありますから、雲水僧はぺこりとお辞儀をしたわけです。すると間髪を入れず「丈便ち打す」、百丈和尚がまた、ぴしゃっとひっぱたいた。

「今ここにこうして百丈がおるということぐらい変わったこと、神秘なことはない」。いとも簡単であります。しかし口では簡単に言っても、じつはそう簡単なものではありません。僧はいかにもわかったようにお辞儀をしたが、本当にわかったのか？　そこでまたぴしゃっとやられた。これがいわゆる参禅公案の妙処というものです。

口で言ってもなかなか本当にわからないから、ぴしゃっとやった。この頃の言葉で申しますと、ショック療法であります。平凡な人間、生意気な人間に、真正面から理屈を言って聞かせても、あまり効果がない。そこでそういう因襲的になっている人間には、はっとするような驚きを与える、活を入れる。この活を入れることについて特に発達したのが禅の特徴であります。

禅も開祖の達磨大師のころは、そういう「捧喝」といって、ひっぱたいたり、あるいはどなりつけたりするようなことはしなかったのでありますが、それが日本に取り入れられて、「喝！」というような激語でどなりつけることが行われるようになりました。喝は宋の時代の俗語で、「ばかやろう」というほどの意味であります。

白隠といえば日本では知らぬ人のない名禅師ですが、しかし白隠も若い頃はたいへんな天狗で、オレくらいできる者はおるまいと、すっかりいい気持ちになっておりました。

ある時、一人の友達から「お前は信州の飯山に正受老人という偉い禅師がおられるのを知っておるか」と尋ねられました。白隠が「知らぬ」と答えると、「それじゃぜひ一度正受老人のところへ行って修行して来い」とすすめられて、「なーに田舎坊主何ほどのことがあると思ってのこのこ出かけて行った。そうして正受和尚に会って大いに気炎をあげました。黙って聞いておった正受和尚は、白隠の言葉が終わったとたんに「ばかっ！」と大喝をあびせて、「そんなものは学得底――お前が読んだり開いたりして覚えたことで、単なる物知りにすぎんではないか。何がお前の見性――本当につかんでおることか」と詰問された。

白隠もさる者でありますから、冷や汗を覚え、その後は天狗もおさまって、真剣に、そして謙虚に学ぶようになりました。こういうどなったり、ひっぱたいたりするやり方が特に唐時代から発達してまいりました。そういう禅に一つの宗教としての体系を与えた、いわば禅宗というものを開いた、その代表的な人が百丈和尚であります。

これは現代の知識人、インテリ等にもこたえる問題でありまして、何かというと現代人はイデオロギー等といって理屈をふりまわす。これは論理や概念の遊戯ですから、こんなもので人間ができるわけがありません。それよりも「独坐大雄峰」で、我々が今この日本にこうしておる、この講座でこのように勉強しておるということは、考えようによれば奇特の事、じつに不思議なことであります。そういうことがしみじみわかるようになるのが学問というものであり、修行というものでありますから、味わえば味わうほど意味の深いものであります。これは論語流にいえば「時習」の一つであります。そこで儒教も仏教も惟神の神道も本当のところへゆけばみな共通でありまして、学問修行の本質的な問題であります。

▼修業した者ほど真の因果律を知る

また「不落因果と不昧因果」の問答も、私たちにとってじつに興味のある問答でありまして、これは『無門関』という書物の中に書かれております。無門関は無門慧開の著書でありますが、慧開という人は、朱子学で名高い宋の朱熹――朱子（号は晦庵）とほとんど同時代の人で、憂国慨世の愛国者です。ちょうどその頃宋の国は、蒙古の侵略をうけまして、揚子江をこえ江南の地でかろうじて国家を支えておった非常な危機にありました。慧開は、その危急に臨んで、情熱を傾けて、国家・国民の指導に当たった愛国の禅師であります。

この無門関の初めのほうにも、名高い「不落因果と不昧因果」の問答がありますが、これを学問的に紹介いたしますと、それこそとても時間が足りませんので、簡単に説明いたします。

百丈懐海禅師が説法される席に、いつも一人の老人がおって、後ろのほうでつつましく話を聞いておった。ある日、説法が終わって聴衆はみんなぞろぞろ帰っていったのに、その老人だけが一向に帰ろうとしない。和尚は以前から、これはただ者でないと見抜いておったので、「お前は一体何者か」と尋ねた。

すると老人は「じつは私は人間ではなくて、この裏山に住んでいるキツネでございます。ずうっと大昔、私は洞穴にあって修行しておりましたところが、ある日一人の雲水がやって参りまして、『大修行底人——非常な修行をした人は不落因果、因果の法則に支配されないものでしょうか』と尋ねた。——例えば、火に入ればやけどをする、水に飛びこめばおぼれる。これは当然の因果関係でありますが、そういう人間の因果などに支配されないいろいろの奇跡がある。末世になるとよく奇跡というものがはやります。昭和の現代もそうであって、科学万能の今日ほどまた奇跡のはやる時代はないともいえます。——さて、そう雲水から尋ねられて私は、『もちろん火に入って焼けず、水に飛びこんでおぼれず、大修行をした者は、そんな因果の法則の支配などうけるものではない』と答えました。ところがその答が間違っておったのかとうとう野狐の身になってしまいました。それ以来五百年も経ましたが依然として解脱できません。そこで改めてお伺いいたしますが、大修行底人は因果の法則の支配などうけないものでしょうか、うけるものでしょうか」。

すると懐海禅師は言下に「不昧因果」、因果をくらまさずと答えた。つまり、善因善果・悪因悪果、善いことをすれば必ずその原因で善い結果が得られ、悪いことをすれば悪い結果となる。非常な修行をした人ほど真の因果律を覚るもので、世俗の因果の考えなどとはまったく別であるということを説いて聞かせたわけです。落と昧の一字の相違で、それが明白であります。

そこで老人は翻然として悟り、「これで野狐の身を脱してこの山に住むことができます。重ねてお願いをいたしますが、この上はどうか亡僧の例にならって葬式をしてください」と言って欣然《きんぜん》と去った。

これが問答の本筋でありまして、あとは付録でありますが、老人が去るとすぐ禅師は、葬式をすると雲水たちに告げました。雲水たちは誰も死んだ者はおらぬのになぜ葬式をするのかと、不思議に思った。「黙ってついてこい」と言われる禅師に従って後方の山に登ると、一匹のキツネが死んでいた。禅師はこれだと言って手厚く回向をして葬られた。そこで雲水たちもようやくその謎が解けたということであります。

人間には奇跡というものはありません。奇跡などというのは研究不足、勉強不足の者の言葉でありまして、原因・結果というものは常にはっきりしておるのです。悪いことをしますと、いつかは悪い結果があらわれ、善いことをすれば善い結果があらわれる、というのは厳粛な自然の法則であります。したがって人間は因果律というものを大事にしなければなりません。この問答はそのことをたいへん面白く説いておるわけです。

不落因果・不昧因果というこの禅の公案は、現代の人間に通ずる、また社会にも、事業にも通ずる大原則・大教訓であります。

▼なぜ道を大切にしなければならないのか

日本には昔から六韜三略《りくとうさんりゃく》という兵書が普及しております。『六韜』は、文韜・武韜・龍韜・虎韜・豹韜・犬韜の六巻から成り、『三略』は、上略・中略・下略の三巻から成っておりまして、これを合わせて六韜三略といって、およそ兵を論ずる者、武学を修める者で読まない者がないといわれる兵学の書物であります。兵学とはまた政治学でもあります。

これは今日でも同じことでありまして、ご承知のように今日の戦争も、大別して武力戦と政治戦の二つに分けられますが、しかし武力戦のほうはすでに大きく後退して、政治戦が前面に出ております。武力戦はあまりにもその惨害が甚だしい。第一次、第二次の大戦をふりかえってみると、大変な残虐が行われました。科学兵器が非常に発達しまして、その最後が核兵器の出現となりました。現在では気象兵器までできて、これによって気象に大異変を生ぜしめ、大暴風雨や、大津波等を起こすこともできると言われております。こういう具合に全く武力戦というものは停止するところを知らず世界をあげての競争であります。

こうなりますと、人間誰しもこのような馬鹿な競争は避けたいと考えるのが当然でありまして、今や武力戦を背景にして前面に政治戦が出てまいりました。特に大国間においてそれが顕著でありますから、優秀な政治家がおりませんとこれほど頼りない危険なときはありません。したがって現在の政治家は、よほど勉強し、反省・発憤してくれなければなりません。もっぱら選挙の票集めだけを事としておるようでは、とうてい今後の日本を代表してこの危機に善処することはできません。そういう政治戦・謀略戦というものを勉強する上に非常に参考になるのがじつはこの兵法の書物、戦略の書物なのであります。

というのは『六韜三略』を初めとしていろいろの兵書を読んでみますと、すべてその内容の半分は政治を論じ、半分は戦争を論じております。だから兵書というものはそのまま政書でもあります。一般には、六韜三略などというものは戦争・戦術の本だくらいにしか理解されておりませんが、下手な政治学の書物などを読むよりははるかに勉強になります。兵書ぐらい、具体的に、かつ機微にわたって、政治というものはいかにあるべきかということを、よく教えておるものはありません。特に三略は一番の政治の書物と申してよろしい。そこで三略から今日の時世にぴたりとくるものを若干抽出して、ご紹介いたします。

（上略）

善善不進。悪悪不退。賢者隠蔽。不肖在位。国受其害。

善を善として進めず。悪を悪として退けず。賢者隠蔽し、不肖位に在れば、国その害を受く。

上略に、善を善として進めず、悪を悪として退けなかったならば、賢者が隠れて、馬鹿者がとんでもない位につくようになる。これは国家にとって大きな損害である。

世乱則反逆生。（中略）

世乱るれば則ち反逆生ず。

中略に、綱紀が乱れると、不逞《ふてい》の輩《やから》が出て反逆を計画する。

廃一善則衆善衰。賞一悪衆悪帰。善者得其祐。悪者受其誅則国安而衆善至。衆疑定国。衆惑無治民。（下略）

一善を廃すれば衆善衰え、一悪を賞すれば衆悪帰す。善者はその祐を得、悪者はその誅をうくれば、則ち国安くして衆善至る。衆疑えば定国なく、衆惑えば治民なし。

下略に、一つの善を廃すると、多くの善がそれにつれて衰える。一つの悪を賞すると、多くの悪が、それに伴って生じる。善者は、天理自然の法則により幸を得、悪者は、それ相応の罰をうける。すると、国は安泰で、善いことが集まる。民衆が疑うと安定した国なく、民衆が惑うと治まった国民はない。これは国ばかりでなく、会社でも学校でもそうであります。

聖人所貴道微妙者。以其可以転危為安。救亡使存也。（鬼谷子）

聖人・貴ぶ所の道の微妙なる者は、その危を転じて安と為し、亡を救って存ぜしむべきを以てなり。

聖人が貴ぶところの道の微妙なるところは、すなわち聖人はなぜ道を学ぶか、なぜ道を大切にするかというと、道を学ぶことによって危を転じて安となり、滅ぶるのを救って、よく存続させるからである。これは利害打算や、理屈ではない。

治彊生於法、乱弱生於阿――治強易為謀、乱弱難為計。（韓非子外儲説）

治彊は法に生じ、乱弱は阿《おもねり》に生ず。――治強は謀を為し易く、乱弱は計を為し難し。

国がよく治まり、国力が強くなるのは、法律・法制がしっかりと立つことによってでき、弱くなったり乱れたりするのは、国を治める者が、民意だとか攻撃に対しておもねるからである。――よく治まってしっかりとしていると、いろいろな計画がたつが、乱れて弱ってくると何とも仕方がないものである。

韓非子というと秦の始皇帝の頃の人でありますが、昭和の今日も少しも変わりません。現代の日本をみますと、法の権威が落ちて無法に近くなりました。と同時に非常に迎合的であります。政府当局はマスコミに対し、あるいは近隣の諸外国に対してきわめて、迎合的でありまして、これは日本をますます弱くするものであります。

不明在於受間。不実在於軽発。固陋在於離賢。禍在於好利。害在於親小人。亡在於無所守。危在於無号令。（尉繚子）

不明は間《かん》を受くるに在り。不実は軽発するに在り。固陋《ころう》は離賢に在り。禍は利を好むに在り。害は小人に親しむに在り。亡は守るところ無きに在り。危は号令無きに在り。

スパイに乗ぜられるほど馬鹿なことはない。第二次世界大戦において、日本は軍も政府もスパイに翻弄《ほんろう》されました。軽挙妄動することほど真実でないものはない。何が固陋《ころう》かといっても賢者に離れるくらい固陋なことはない。いい加減な人間ばかり相手にしていると固陋になる。利ばかり考えると禍を生む。つまらぬ人間とつきあいをしておると、いろいろな弊害が起こる。国家でも、軍隊でも、上に立つ者がしっかり号令をしなければならない。衆人が騒ぎまわっておるが、こういう者に任せておけば、世の中は混乱するばかりで、こんな危険はない。これも秦の始皇帝時代に出た尉繚子《うつりょうし》の言葉でありますが、そのまま今日も通用いたします。

▼戦わずして敵に勝つ

勝敵者勝於無形。上戦無与戦。（龍韜）

敵に勝つ者は、無形に勝つ。上戦は与《とも》に戦うこと無し。

敵に勝つというのは、実戦に勝つことではない、無形に勝つことである。一番上手な戦争は、戦わずして敵に勝つことである。六韜の中の龍韜にある言葉であります。

太宗曰。朕観千章万句。不出多方以誤之一句而已。（李衛公、問対）

太宗曰く、朕千章万句を観るに、多方以てこれを誤らすの一句に出でざるのみ。

中国四千年の歴史上指折りの英邁な皇帝といわれた唐の太宗が、「万巻の書を読んだが、結論はいろいろの手段方法でいかに相手を錯誤に陥らせるかということである」と幕下の李衛公（靖）という名将軍との会話の中で述べております。

靖曰。千章万句不出乎致人而不致於人而已。

靖曰く、千章万句人を致して人に致されざるに出でざるのみ。

（李術公、問対）

靖――李術衛公曰く、「兵書はずいぶんと大部の書物であるけれども、要するに他人からしてやられない、自分がしっかりとしていて人からだまされないということにすぎない」と。

▼〝四患〟〝五寒〟の戒め

筍悦申鑒《しんかん》云。偽・私・放・奢。致治之術先屏四患。

筍悦申鑒に云う、偽・私・放・奢。治を致すの術は、先《ま》ず四患を屏《しりぞ》くるにあり。

漢の終わりに出た、非常な名門の人材である荀悦が、申鑒という名著をのこしておりますが、その書物の中で、政治をりっぱにやってのける術は、まず国家の四つの病気を治し退けることだ。その四つの病気とは何かというと、第一がうそである。第二には私である。第三はでたらめである。第四はぜいたくである。この四つが国家、国政の四患であると書いております。今日にも通用する政治家、為政者のための痛切な戒めで、以前にお話ししたことであります。

劉向説苑云。政外。女厲《じょれい》。謀泄。不敬卿士而國家敗。不能治内而務外。

劉向説苑《ぜいえん》に云う、政はずれ、女あらく、はかりごともれ、卿士を敬せずして国家敗れ、内を治むる能わずして外をつとむ。

かつてお話し申しあげたことでありますが、漢の劉向が説苑《ぜいえん》という書物の中に書いております五つの悪いこと、これを五寒といって、どれ一つあっても国家を冷え凍らせてしまうとされております。その第一が政外、政治のピントが外れること。第二が女厲《じょれい》、女が荒々しく激しく病的になる。第三がはかりごとがもれる。そして第四には大臣その他国家の政治に携わる重要な人物を尊敬しないで、いいかげんな宣伝や、謀略等をやっていると国家は敗れる。つまり重要な人物を尊敬して、堂々と政治をやらなければならぬということです。つまらぬ人間を使ったり、スパイ等に踊らされると、必ず国家は敗れます。最後は肝腎の国の中を治めることができないので、それをカバーするために外に向かっていろいろと謀略をやる。これも今日の私達には適切なものばかりであります。

▼より良く生きるための〝五計〟

生計・身計・家計・老計・死計。

せいけい・しんけい・かけい・ろうけい・しけい。

（宋・朱新仲）

これは宋の朱新仲（名は翌）の言葉であります。朱新仲という人は、朱子とほぼ同時代の隠れた哲人官吏でありました。宰相秦檜、これは忠勇の名将として有名でありました岳飛を圧迫して死にいたらしめた者として悪名が高い。彼は秀才でありましたが、国政を誤り国を亡ぼすに至った悪宰相の代表として日本でもよく知られておる人物であります。朱新仲もその秦檜に憎まれ、流謫されて少しも悲観せず、悠々自然を愛し、名山・大川に遊んで、士民に慕われた人でありますが、彼は人生の五計というものを説きました。

生計――生理の問題、病気をしたり、死んだりしない、すこやかに生きる道であります。

身計――自分の一身をどういうふうに世に立ててゆくかという、社会生活であります。

家計――家をどういうように維持してゆくかという問題であります。

以上の、生計・身計・家計は普通のことでありますが、おもしろいのは老計・死計であります。

老計――いかに年をとるか。

人間にとってこれほど切実な問題はありません。人間は年をとると衰える。身体ばかりでなく、精神も衰え易い。これは老計を知らぬからであります。この頃老人医学などというものが一つの学問になって参りましたが、老いるということに善処すると、そう人間は老衰老廃するものではありません。まだ若いのに老《ふ》けこんでしまっておるなどというほど情けないものはありません。朱新仲先生、これを指摘しておるわけであります。

死計――ほおっておいても自然にときがくれば死ぬ、というのでは学問になりません。どのように死ぬか、これまた深刻微妙な問題です。五計の最後によく効いております。

この五計のどの一つをとりあげても、それぞれ大著がたくさんある問題であります。お互いにこういうことをいっこう注意しないということほど浅薄なことはありません。ただ漫然と、わけわからずに、貴重な一生を終わってしまうのが一般大衆であります。学問の大切なことは、そういう人生の大事なことを学ぶこと、これが第一義であって、世人は今日、学問というと学校でやることだと思いますが、これは学問の枝葉末節であって、本当の学問は、年をとるほど、世に立つほど、やらなければなりません。それが本当の学問であるということを大いに自覚して努力しなければなりません。

〈著者略歴〉

安岡正篤（やすおか・まさひろ）

明治31年大阪市生まれ。大正11年東京帝国大学法学部政治学科卒業。昭和2年(財)金雞学院、6年日本農士学校を設立、東洋思想の研究と後進の育成に努める。戦後、24年師友会を設立、政財界のリーダーの啓発・教化に努め、その精神的支柱となる。その教えは人物学を中心として、今日なお日本の進むべき方向を示している。58年12月死去。著書に『いかに生くべきか――東洋倫理概論』『日本精神の研究』『王道の研究――東洋政治哲学』『人生、道を求め徳を愛する生き方――日本精神通義』『経世瑣言』ほか。講義・講演録に『人物を修める』『易と人生哲学』『佐藤一斎「重職心得箇条」を読む』『青年の大成』などがある（いずれも致知出版社刊）。

先哲講座

昭和六十三年二月二十日第一刷発行
平成二十五年十一月三十日第十六刷発行

著者　安岡正篤
発行者　藤尾秀昭
発行所　致知出版社
〒150-0001東京都渋谷区神宮前四の二十四の九
TEL（〇三）三七九六―二一一一
印刷　㈱ディグ　製本　難波製本
落丁・乱丁はお取替え致します。　（検印廃止）

ISBN978-4-8009-1024-0 C0010
ホームページ http://www.chichi.co.jp
Eメール books@chichi.co.jp

人間学シリーズ

おじいちゃん戦争のことを教えて
中條高徳 著
ニューヨークの高校に通う孫娘からの真摯な問いと、軍人を志した〝おじいちゃん〟の誇り高き答え。感動を巻き起こしたロングセラー。
定価／本体1、400円

輝いて生きる知恵
松原泰道 著
九十五歳を超えた今なお、東奔西走の日々を送る「生き方名人」が贈るあなたへのメッセージ。
定価／本体1、200円

修身教授録
森信三 著
現代に甦る人間学の要諦!!
生きるための原理原則。
定価／本体2、300円

生きよう今日も喜んで
平澤興 著
今が楽しい。今がありがたい。今が喜びである。それが習慣となり、天性となるような生き方とは。
定価／本体1、000円

心魂にひびく言葉
寺田一清 編
人生の真理を照らし出す哲人・森信三師の言葉の数々。
定価／本体1、200円

禅の名問答に学ぶ人間学
境野勝悟 著
東洋思想家の著者が、禅の世界を分かりやすく説き明かす。あなたを日々の悩み苦しみから解放し、本来の自由闊達な生き方へと導く快著。
定価／本体2、600円

中村久子先生の一生
黒瀬昇次郎 著
両腕両脚を失いながらも強く、気高く生きた女性の生涯。小中学生にも読みやすいコンパクト版。
定価／本体1、000円

宇宙の響き―中村天風の世界―
神渡良平 著
政財界をはじめ、多方面に影響を与えた中村天風師。壮烈な修行の果てに到達した天風哲学の神髄に迫る。
定価／本体1、800円

伝記に学ぶ人間学
小島直記 著
伝記文学の第一人者が、伝記上の人物、古典を通して、人間いかに生くべきかを説く。
定価／本体1、300円

詩人の颯声を聴く
坂村真民 著
個人詩誌『詩国』を出し続けて三十数年。ひたすら精進し続ける詩人の凛々たる声。
定価／本体1、300円